核心素养视域下
初中语文
阅读教学实践研究

郑丽洪 ◎ 著

吉林文史出版社

图书在版编目（CIP）数据

核心素养视域下初中语文阅读教学实践研究 / 郑丽
洪著. — 长春：吉林文史出版社，2023.8
ISBN 978-7-5472-9648-6

Ⅰ.①核… Ⅱ.①郑… Ⅲ.①阅读课—教学研究—初
中 Ⅳ.①G633.332

中国国家版本馆CIP数据核字（2023）第161869号

核心素养视域下初中语文阅读教学实践研究
HEXIN SUYANG SHIYU XIA CHUZHONG YUWEN YUEDU JIAOXUE SHIJIAN YANJIU

著　　者：郑丽洪
责任编辑：姜沐雨
封面设计：言之凿
出版发行：吉林文史出版社
电　　话：0431-81629369
地　　址：长春市福祉大路5788号
邮　　编：130117
网　　址：www.jlws.com.cn
印　　刷：北京政采印刷服务有限公司
开　　本：170 mm×240 mm　1/16
印　　张：15.5
字　　数：248千字
版　　次：2023年8月第1版
印　　次：2023年8月第1次印刷
书　　号：ISBN 978-7-5472-9648-6
定　　价：58.00元

序

  《义务教育语文课程标准（2022年版）》的颁布，使得核心素养成为义务教育语文课程标准最重要的概念之一。"义务教育语文课程培养的核心素养，是学生在积极的语文实践活动中积累、建构并在真实的语言运用情境中表现出来的，是文化自信和语言运用、思维能力、审美创造的综合体现。"即语文教学旨在促进学生核心素养的发展，充分发挥语文课程狩特的育人功能。

  新课程改革在初中语文课堂教学的广度和深度上均提出了更高的目标，要求在阅读教学中渗透对学生核心素养的培育，使语文阅读教学承载更为丰富的内涵和功能。

  本书以阅读教学课题研究为凸发点，呈现新课程背景下对初中语文阅读教学的实践研究，通过探究阅读教学的目标、方法、策略，以及课文重难点的突破等，关注核心素养视域下初中语文阅读教学模式的转变，探讨构建初中语文阅读教学的新模式，提高初中语文阅读教学课堂效率，体现自主阅读、合作探究的新课程理念，促进学生阅读能力和读写素养的提升，为学生终身发展打下良好的基础。

  本书分上、下两篇：上篇即第一章至第三章，是研究策略，主要讨论初中语文阅读教学的探索和感悟；下篇即第四章至第七章，是案例实践，主要讨论部编初中语文教材中各种文体、课型的教学案例。

  第一章为初中语文阅读教学课题实践研究。主要内容是对笔者主持研究的两个关于阅读教学课题的整合、梳理与总结，旨在探索优化策略，构建实用有效的阅读教学模式，并论述了从以"教"为主到以"学"为主的阅读教学模式的转变，体现了核心素养视域下对阅读教学实践的科学探索。

  第二章为初中语文阅读教学策略探索。主要是通过阶段性实践，从理论上进行总结归纳，阐述对阅读教学的探索和感悟。

第三章为初中语文阅读教学案例分析，主要是结合教材中的具体案例，有感而发，从不同角度探讨笔者对阅读教学实践的思考。

第四章至第七章，主要内容是针对七年级至九年级部编语文教材中的古今优秀诗歌、文言文、散文和小说等教学案例进行的讨论与研究。

本书内容上涵盖部编初中语文教材的教读课、自读课、课外古诗词等课型；文体上综合呈现古今优秀诗歌、文言文、散文、小说等，内容丰富，形式多样，教学案例翔实具体，"强化了'怎么教'的具体指导"，希望为一线初中语文教师提供切实可行的阅读教学参考。

同时，希望读者和老师们提出宝贵意见，引发更多的教学思考。

是为序。

2023年5月

漳州九龙江畔

目 录

上篇　研究策略

下篇 案例实践

上 篇

———————

研究策略

第一章

初中语文阅读教学课题实践研究

探索优化策略，构建实用有效的阅读教学模式

一、课题研究的背景和意义

（一）新语文课程改革期待着有效的课堂教学

课堂一直是学校教学的主要阵地，也是学校的生命所在，同时，还是学生和教师教与学活动的"主战场"。课堂对于参与教学的任何一方都有着重要的意义。

近年来，新课程改革在初中语文课堂教学的广度和深度上均提出了更高的目标要求。《义务教育语文课程标准（2022年版）》指出，语文课程致力于全体学生核心素养的形成与发展，为学生学好其他课程打下基础，也为学生全面发展和终身发展打下基础。这就给我们针对不同层次的学生进行课堂教学提供了新的研究切入点和新的实践平台。更重要的是，语文有效教学的实施最终还是要通过语文课堂来进行。而当下高耗低效的课堂教学实际与新课标的要求存在着明显的脱节现象。

因此，教师若要研究有效教学，则必须研究基于不同层次学生的课堂有效教学。依据不同层次学生的具体情况，寻找课堂教学的有效策略是新课改背景

下我们无法回避的课题任务。

（二）高耗低效的教学现状呼唤有效的课堂教学策略

课程改革以来，广大一线语文教师依据新课改的理念对课堂教学做了有益的探索，使得语文课堂呈现欣欣向荣的景象。但是，有些教师又过分追求课改理念，使得其教学过程中出现了各种偏差和背离现象。

我们在调研听课过程中，总能发现一些问题。比如，课堂教学目标设置不当，没有课标统领，没有系列规划；教师的角色没有真正转换过来，包办太多，学生的主体性发挥不好；教学过程无序，师生自由发挥，课堂有效时段不足；对文本的解读浮光掠影，有些教师对文体的理解甚至不到位；教师不能有效运用单元提示和课后思考练习，抓不住教学的基本点；滥用多媒体，信息量过大，导致学生囫囵吞枣或疲于应付；课堂评价缺少真实性和激励性，学生的学习兴趣跟不上；没有形成相对合理的课堂教学模式，教学模式粗犷散漫，反而影响了课堂教学的有效性；课堂问题设置没有条理层次，多、散、杂、乱，缺乏探究性问题。

课堂教学中低效或不讲成效的教学现象大量存在，面对这些低效的课堂教学现实，对照新课程改革的要求，我们迫切希望提高课堂教学实效，促进学生文化基础知识及基本技能、创新精神及探究能力的整体提高，促进学生全面、持续、和谐地发展。在此背景下，依据不同层次学生的具体情况，追求教学的有效性这一现实问题就成为我们每一位教师必须研究的课题任务。

二、课题的研究价值

（一）引发人们关注基于不同层次学生语文课堂教学的有效性

课改强调要减轻学生负担，让学生从繁重的作业中解放出来。但事实上，学生仍然"不堪重负"，无法根据自身的特点进行有效的学习。这些问题提醒我们要把目光转移到语文课堂教学的效率上来。本课题介绍了语文课堂教学有效性的相关理论，结合近年来国内外的研究成果，强调了语文课堂有效教学的重要性，希望有更多的教育工作者一同来关注基于不同层次学生语文课堂教学的有效性，并参与这个问题的探讨和研究。

（二）呈现当前初中语文课堂教学中存在的问题

随着课程改革的深入，初中语文课堂教学呈现出良好的态势，但与此同时，初中语文课堂教学也暴露出了一些与课程改革看似密切、实则远离，甚至相悖的情况。本课题选取了初中语文课堂教学中存在的几个突出问题进行分析研究，以便教育工作者在今后的课堂教学中"因材施教""对症下药"。

（三）提出基于不同层次学生的情况改进语文课堂教学的实施策略

语文是一门综合性、实践性的学科，初中语文课堂教学又是一个复杂的教学过程，从教学程序上来看，它可以分为课前准备、课上实施、课后评价三个阶段；从教学的参与者上来看，它可以分为教师和学生两个方面。可见影响初中语文课堂教学有效性的因素很多。笔者分析了其中的一些主要因素，并提出了基于不同层次学生的具体情况改进初中语文课堂教学有效性的策略，从而进一步丰富学科教学理论，希望能对初中语文教师的实际教学有所启示和帮助。

三、课题研究的目标与内容

（一）研究目标

第一，研究不同层次学生语文学习的现状，探寻学生在语文学习中存在的困惑及障碍，分析低效学习的原因所在；探索有效的策略，促进基于不同层次学生的课堂教学的最优化。

第二，构建实用有效的课堂教学基本模式，以及这些模式在不同课型及问题下的变化；结合学校的实际，研究制定出切实可行的实施方案或相关建议。

第三，探索自主、合作、探究的学习方式在语文课堂的具体实施，总结优秀学法，积极推广，学以致用。

第四，通过研究和实践，形成一个主体性的结论报告，撰写一批有价值的专题论文、案例分析、专题反思，定期召开相关的课题活动，收集一些较为成功的课堂实例。

（二）研究内容

1. 灵活确定教学目标

首先，面对不同层次的学生，教师应预设不同的课堂教学目标，目标应根据教材、课时、班级学生情况来确定，并有所侧重；其次，教师应根据课堂的动态发展调整预设目标；最后，教师应主动对目标的达成度进行科学评估。

2. 正确定位师生角色

学生是课堂学习的主体，教师是学生学习的指导者，同时教师也是自我专业成长的主体。在课堂中，教师应正确地定位自己的角色，并积极促进不同层次的学生形成正确的角色感。

3. 创设和谐教学环境

① 创建充满关爱和尊重的学习环境。②建构与现实生活相联系的真实问题情境。③创设民主、平等、自由、和谐的参与氛围。④创设不同层次的学生能够自我调节型的学习环境。

4. 注重生成教学结构

传统的教学设计，以教师的教为出发点，以教学主线为轴贯穿全课，教学设计严密，教学步骤细致具体，师生的教和学较多地受制于预设的教学方案。我们可以以不同层次学生的学情为出发点来安排教学，体现一种主题学习的风格，凸显课堂中师生的交往互动，凸显课程资源的创设、开发及教学目标的动态生成。

5. 采用灵活教学方式

教学方式包括教师教的方式与学生学的方式。比如，阅读教学现行常用的方式有问题教学法与读书感悟法。我们要根据不同文章的特点和不同层次学生的学情来选择教学方式。问题教学法重视教师的引领，较适于比较理性的文章，以问题引导学生阅读；读书感悟法重视学生的自读自悟，较适于比较感性的文章，通过感悟引导学生对精彩描述进行理解品味。

6. 强调多种学法指导

① 应更多地教会学生有效地利用学习时间，提高学生学习的计划性。②应教会学生做笔记的技能，提高学生对信息的提取与记忆能力。③进行思维教学，思维的参与是主体参与最本质的决定因素，学习应该在思维活动中进行，同时还要学习思维本身。④开展反思教学，对自己的学习进行自我评价，这是一种元认知能力的发展。

7. 鼓励为主的学习评价

① 学习评价要有激励和批评机制。②学习评价应是有针对性的评价。③学习评价应是发展的评价。发挥评价的激励作用，应以不伤害学生的自尊为基本原则。

四、预期创新点

第一，有教师个人特色的课程才是有创新味道和灵感火花的课程。本课题在研究形式上侧重于鼓励教师先进行个性创作，然后集思广益，实践教学，充分提升教师自身的教学能力。本课题通过反复的讨论与再设计，丰富了教学的可能性，对教学新方法、新规律的探索也大有裨益。

第二，目前的课堂有效性研究大部分集中在理论研究，而且都是以宽泛的语文教学体系作为研究对象，缺少了对具体课型的细致探索。本课题提出依据不同学情设计教学内容时应当分类翔实，涉及了语文教学的各种课型，有利于一线教师的学习，更触及了语文教学的根本。只有从教学实践中提炼出的理论才有持久的生命力。

第三，针对录像课的研究学习，能够让教师作为"实践反思者"进行客观而全面的自我评价研究，积累丰富的教学经验。推进、优化、活跃试验过程，设计、组织、开展课堂教学，让师生在实践中体验，在体验中内化、升华。在课题实施过程中，本课题将对一些典型观摩课、研讨课的案例等进行搜集并加以分析，形成案例库。

五、实施措施

(一)课题研究的阶段步骤

第一阶段:准备阶段(2016年5—8月)。

① 成立课题研究小组,建立网络平台,制定研究方案。②进行课题的前期论证和文献资料的搜集、整理、学习,明确课题研究的目的和意义。③初步调研全市初中语文课堂阅读教学的现状,收集问题,并对发现的问题进行归纳整理。④组织课题成员对相关文献进行系统学习和研究,开展相关的经验交流,并重点探讨课题的实施策略和方法。

第二阶段:实施阶段(2016年9月—2018年3月)。

按照课题实施方案开展研究。

① 开展课堂教学实际调研、组织学科教师座谈、走访学生、深入课堂,揣摩一线教师课堂的成功之处及不尽合理的细节,并形成文字材料。

② 课题组成员在所在学校或区域开展相关内容的课堂试验。研究学情,对同班内不同层次的学生进行教学有效性观察与测评,逐步完善针对阅读教学各环节的有效教学方案和策略。我们组织初一600名新生进行全员阅读水平检测,针对答题情况进行统计分析。从调查分析的结果来看:在"信息提取和概括能力"方面,各个层次的学生差别不大。在"归纳能力"方面,中低层次的学生答题较不全面且缺乏条理。在"理解分析原文细节能力"方面,较低层次的学生较不能结合语境。到了赏析这一能力层级,各个层次的学生阅读能力差异更为明显。其中,较高层次的学生能够以个性化的角度和语言对阅读材料进行赏析,中等层次的学生能够做到答题到位、表述规范,较低层次的学生答题较为简略、不全面。依据这样的分析结果,最终给出了一个大方向的阅读教学策略建议:较高和中等层次的学生能力较为接近,前者素养略高于后者,其教学可侧重于能力提升。较低层次的学生阅读过程更易受"干扰",其教学可注重阅读基础能力的培养。

③ 定期组织观摩研讨会,交流课堂试验阶段性成果。邀请专家及同人指

导课题研究。及时反思，调整完善。在研究过程中，我们立足于细致的学情分析，开展各种形式的同课异构，辅以专业的课堂观察，研究不同层次学生语文学习的现状，探寻学生在语文学习中存在的困惑及障碍。探索有效的策略，促进基于不同层次学生的课堂教学最优化。我们以三种同课异构模式作为课堂观察的范本：第一种是同等层次的学生，不同的教学起点；第二种是不同教师执教不同层次的学生；第三种是同一位教师执教不同层次的学生。这些课堂教学中基于学情的策略调整，确实有效地解决了当前中学教育、教学的主要矛盾及学生学习水平"参差不齐"的问题，实现了让每个学生根据自己的兴趣、爱好和特长，扬长避短，发展个性的可能。

④ 征集实际案例，采用个案分析法，从具体到一般，总结规律，验证课题假设。通过两年的分层观察与策略调整，各年龄段的教师在适应自己所教学生的课堂教学中，初步形成各层次的教学方法和教育风格。课题组也形成具有针对性的指导意见：对低层次学生的教学是"低起点，补台阶，拉着走，多鼓励"；对中层次学生的教学是"示范做，多演练，适当放，重反馈"；对高层次学生的教学是"导思考，多质疑，拓展开，促创新"。另外，进行更为深入的细化和调控，进一步摸索课堂教学的目标分层、教学方法分层、作业分层、辅导分层、检测补考分层等操作方法，以及课堂的弹性调控措施，协调共性课程使命和个体发展需求之间的关系。

⑤ 课题小组人员按照分工，搜集资料，撰写论文。注重试验课后的调查研究，定期进行检测和阶段性小结。在此基础上调查、规划下阶段的课题研究工作要点，继续深入开展实验。

第三阶段：结题阶段（2018年4—6月）。

① 整理课题研究的相关成果，包括研究过程记录、调查报告、研讨资料、公开课教学设计、案例及反思、相关论文等，并编辑成册。②准备结题的相关工作，制作结题演示文稿，撰写结题报告。

（二）课题研究的措施

1. 科学规划，分工明确

在确定研究课题后，郑丽洪老师组织课题组成员进行了多次认真讨论，使研究目标明确，符合我市的实际情况，研究的内容具体，对不同的阶段所要进行的试验、研究进行了科学合理的规划。课题组成员做到分工明确又相互合作。

2. 加强学习，提高素质

针对课题组成员都比较缺乏课题研究的经验的现实情况，我们将本课题研究活动定位为边学习边研究，在研究中学习。课题组成员首先认真学习了有关课题研究方法的指导理论和大量的研究案例，然后又学习了"建构主义教学理论""创新教学理论""诱思探究"等教学思想，从而提高了理论水平，开阔了视野，使先进的教学理念在科学的研究方法的指导下，迅速转化为实用的教学行为，形成了用丰富的课题理论、扎扎实实搞研究的态度来支撑课题研究的工作局面。

3. 课题研究和区域教研、校本教研相结合

课题研究和区域教研、校本教研的结合，使课题研究融入日常的教学中，课题组活动日渐常态化，并愈加重视资料的精准收集和系统整理。

六、课题研究中的问题与思考

本课题重在研究基于不同层次学生的语文课堂教学有效性策略。认识学生的差异性，这是本课题研究的前提。在课堂教学中，学生原有的个体差异是教学活动的起点或前提，这是学界的共识，无须赘论。但这种差异对于课堂教学来说到底是具有积极的价值还是消极的意义，却值得我们进一步探讨。在相当多的教师看来，课堂教学中学生之间的"个体差异"是教师不得不"应对"的一件无可奈何的事情，因为它会使教学活动变得更加复杂、难以控制甚至低效；如若同一课堂内的学生能变得"小差异"甚至"无差异"，那么，教学必然变得更轻松、更高效。于是许多教师想尽各种办法（如分快慢班、分层次教学等）来缩小甚至消除同一课堂内学生之间的差异。诚然，学生之间的差异过大，确实会提高教学的难度、增加教师的负担、影响教学的效果，但是，学生之间有适当的差异，并不是一件坏事情，而是一种巨大的教学资源，充分重视并积极开发利用这一资源是实现当前课堂教学改革的一项重要内容。

在课题研讨的过程中，我们将"同课异构"作为开展课例研讨、课堂观察的主要模式。我们发现了在设计中体现出的从教学内容到教学形式的诸多差异。这些差异，除了与我们所考虑的学生层次、教学起点有关之外，还涉及教师对教材处理的不同。那么教学目标的界定和教学内容的取舍，是否有一定的原则限制呢？我们认为，在认识学生、因材施教的同时，也应该认识教材的价值所在，认识每一篇课文在教材体系中独一无二的地位和作用。

七、主要成果

（一）教学方面

第一，研究不同层次学生语文学习的现状，探寻学生在语文学习中存在的困惑及障碍。探索有效的策略，促进基于不同层次学生的课堂教学最优化。应当通过广泛地调研、观摩、研讨、反思，经过深入思考、反复论证，形成"因层施教，弹性调控"的教学模式：一方面，因层施教，对低层次学生的教学是"低起点，补台阶，拉着走，多鼓励"；对中层次学生的教学是"示范做，多演练，适当放，重反馈"；对高层次学生的教学是"导思考，多质疑，拓展开，促创新"。另一方面，进行更为深入的细化和调控，进一步摸索课堂教学的目标分层、教学方法分层、作业分层、辅导分层、检测补考分层等操作方法，以及课堂的弹性调控措施，协调共性课程使命和个体发展需求之间的关系。

第二，构建实用有效的课堂教学基本模式。游记教学，以市直级公开课《一滴水经过丽江》为例，通过课堂观察和对教学设计的修改，我们总结出游记的课堂模式——游记之所至、所见、所感与作者独特的语言表达之融合；文言文教学，以公开课《三峡》为观察课堂，探讨文言文之"言"的落实与

"文"的解读如何平衡的问题；散文教学，从公开课《一棵小桃树》《昆明的雨》等课例，总结出教材解读的切入点和主问题深入的模式；议论文教学，以《精神的三间小屋》为例，探讨议论性散文教学内容的确定；复习课，以观摩课《初中古诗词鉴赏复习探究》为例，提出高效复习课的具体操作建议；小说教学，以同课异构《台阶》为例，探讨长文短教的处理技巧……以上课堂研究不仅达成了针对课文重难点突破的目标，还使语文课堂充满浓浓的语文味。

（二）教师方面

第一，引导教师钻研教材，提高专业技能和理论水平，促使教研组在课例设计、反思、论文写作等方面百花齐放、多姿多彩。在本课题实践开展过程中，课题组成员善于学习、刻苦钻研、勤奋工作。通过两年的分层观察与策略调整，各年龄段的教师在适应自己所教学生的课堂教学中，已初步形成各层次的教学方法和教育风格。青年教师在教改的实践中迅速成长起来，及时撰写教学心得体会和反思，老教师也摸索和总结出更好的教学经验，发表论文，从"知识型"教师向"研究型"教师过渡。这正是当前素质教育所需要的高质量的教师应有的学养。

第二，教研研讨热情高涨，教研会上课题组成员在课题探讨、质疑解惑、磨课备课等方面增强了凝聚力、思辨力，激发了教学思考和合作精神。通过课题的研究，我们在摸索阅读课堂教学目标分层、教学方法分层、作业分层、辅导分层、检测补考分层的操作方法时，教师团队群策群力、集思广益，为以后的教学提供了参考。在本课题的探讨中，大家知无不言、言无不尽，针对有争议的问题，往往碰撞出智慧的火花，促进思考，为教学成果的检验提供了有启发意义的思路，教师教学能力得到大幅提高。

（三）学生方面

第一，创设素质教育窗口，因材施教，使不同层次的学生得到适宜的发展空间。分层教学，解决了当前中学教育、教学的主要矛盾及学生学习水平"参差不齐"的问题，实现了让每一个学生根据自己的兴趣、爱好和特长，扬长避短，发展个性。

第二，深入开展本课题研究的班级，其学生的学业成绩、综合能力均有一定程度的进步。例如，实验班的学生与非实验班的学生相比，其语文学习兴趣较上个学年提高了，学习的主动性意识增强了。在七、八年级上学期的期末检测中，实验班的语文平均分、优秀率、综合比均列市直公办学校第一；其次，在各级各类竞赛中，学生积极性高涨，两年来已有上百人次在"文心雕龙杯""叶圣陶杯""语文报杯"等竞赛中获奖。

八、实用价值

我们对分层教学体系条件下不同层次班级教学进行比较分析，锁定分层教学必然面对的教学环节，旨在解决课堂教学的复杂性和实用性之间的矛盾，并对分层有效教学实际操作提出建议。

本课题提出依据不同学情设计教学内容时应当分类翔实，涉及了语文教学的各种课型，有利于一线教师的学习，更触及了语文教学的根本。只有从教学实践中提炼出的理论才有持久的生命力。

九、尚存的问题及后续研究思路

由于教学任务繁重，课题组成员在课题上投入的时间和精力是有限的，一些研究还不够深入。再者，由于部分教师自身水平的局限，不少有价值的内容还只停留在反思或案例的层面上，没能上升到理论的高度。

后续拟进一步研究学生个体的差异性，摸索课堂教学的目标分层、教学方法分层、作业分层、辅导分层、检测补考分层等操作方法，探索课堂的弹性调控措施，在实践中改进课堂模式，使教学活动更具实效性。

注：本课题"基于不同层次学生的语文课堂教学有效性策略研究"，系福建省基础教育课程教学研究课题（编号：MJYKT2016–158）。

附1：阅读层次调查与阅读教学策略建议

一、调查范围与阅读题概况

此次调查范围为初一新生全体，涵盖A、B、C三种不同层次的学生。此次考查学生阅读水平的题目为专家命题，立足于课本内容，旨在考查学生对基础知识的掌握情况与阅读基本技能，并检验学生的阅读习惯，进一步为教师引导学生提高阅读能力、完善阅读教学策略提供指导依据。

二、阅读题在试卷中的占比及考查的能力

（一）阅读题在试卷中的占比

2016—2017七年级语文水平测试阅读题比例分析如下表。

项目	课内阅读题			课外阅读题					总计
题号	11	12	13	14	15	16	17	18	8题
分值	3分	6分	3分	6分	3分	4分	5分	3分	33分

说明：课内阅读和课外阅读相比较，试卷较侧重通过课外阅读来考查学生的阅读能力。阅读题量占试卷总题量的1/3，分值约占试卷总分值的1/5。可见阅读尤其是课外阅读在试卷中占较大比例，是教师教学中不可忽视的重点。

（二）阅读题所考查的能力

2016—2017七年级语文试卷考查的能力类型分析如下表。

题号	题型	能力类型
11	简答题	信息的提取与概括的能力
12	简答题	信息的提取与归纳的能力
13	选择题	理解能力
14	简答题	概括能力
15	简答题	理解能力
16	简答题	赏析能力
17	简答题	理解能力
18	选择题	理解、分析能力

说明：①从题型上看，对于课内外文章的考查均以简答题为主，兼以选择题渗透。对此，学生不仅需要集中精力阅读、理解原文，还需要花费较多的时间和笔墨来答题，因而阅

读题很容易成为拉大分数差距的模块。②从能力类型上看，题目设置考查了包括信息提取、概括、分析、理解等多种阅读能力，覆盖面广、综合性强，这些能力最终以书面的形式呈现，又考查了学生的语言组织能力。阅读题模块不同于积累运用模块考查识记，而是对学生综合能力的全面考查，是较能反映学生信息提取、概括、分析、理解等阅读能力水平差距的模块。

三、不同层次学生的阅读能力现状及存在问题

学生在阅读过程中存在多种因素会影响学生的阅读效果，如阅读方法的掌握程度、阅读时间的长短、学生的阅读状态等。抛开这些因素，七年级的学生确实普遍存在阅读速度较慢、阅读质量不高的状况。为此我们依试卷答题情况和学生的水平差异对语文试卷阅读题中不同层次学生的答题情况做了统计，如下表。

题号	得分情况	人数		
		A层次	B层次	C层次
11题（3分）	1	1	0	5
	2	6	11	11
	3	45	35	31
12题（6分）	1	0	0	4
	2	1	2	12
	3	9	18	21
	4	16	13	7
	5	11	10	3
	6	15	3	0
13题（3分）	A	0	2	3
	B	2	3	4
	C（正确）	40	33	29
	D	9	4	11
14题（6分）	2	0	0	1
	3	0	0	2
	4	1	2	1
	5	5	5	2
	6	46	39	42

题号	得分情况	人数		
		A层次	B层次	C层次
15题（3分）	0	0	0	1
	1	0	2	1
	2	2	3	4
	3	50	41	41
16题（4分）	0	0	0	2
	1	0	0	3
	2	0	7	13
	3	6	14	12
	4	46	25	17
17题（5分）	0	0	0	2
	1	0	0	4
	2	1	9	13
	3	18	18	21
	4	22	13	3
	5	11	6	4
18题（3分）	A	0	0	1
	B	1	1	1
	C（正确）	49	39	34
	D	2	6	11

结合表格和试卷答题情况，我们得出了以下结论：

第一，信息提取和概括能力方面。

课内阅读题第11、12题以及课外阅读第14题涉及考查这部分能力。在信息提取方面，能力要求较低，得分率高，大部分学生具备了良好的信息提取的能力，A、B、C不同层次的学生差距不大。概括能力方面，小部分学生还有待提升。主要问题为：①答案的呈现冗长成段，不符合概括题"简明"的要求。②概括内容不全面，以偏概全。③对语言不敏感，句子成分不完整或存在病句。

第二，归纳能力方面。

课内阅读题第12题失分较多，A层次的学生得分区间在4~6分，B层次的学生的得分区间在3~5分，C层次的学生得分区间在2~4分，各层次学生得分差距明显。该题原文为"找出选文中有关高原的句子，并说说高原的变化"。前一部分信息提取答题较好，各层次的学生均能找到1至2句，问题出在归纳上。主要问题有二：①缺乏全面性。不明确题目要求，多数失分学生仅仅找出"原句"，而没有用自己的话来叙述"变化"。少数失分学生仅用自己的语言描述"变化"，没有摘抄"原句"。②答题缺乏条理性。学生将"原句"和"变化"杂糅在一起写，语言组织也比较凌乱。仅有少数学生能够按题目要求，将"原句"与"变化"以清楚的格式写出来。

第三，理解、分析能力方面。

试卷第13、15、17、18题均考查这方面的能力。

第13题以选择题的形式出现，选项或因果不符，或增加含义，错误明显。学生只需回到原文中比对句子就能排除错误项，近20%的学生阅读不仔细、不深入，对信息没有准确清晰的认识，反映了阅读质量相对较低。各层次比较接近，但C层次的学生更易受干扰。

第15题考查对语境的理解，原文中的句子明显、容易找到，稍加分析就能得出答案。各层次学生差别不大。

第17题难度较大，大部分学生对句子的理解停留在解释含义上，而忽略了题干中的另一个要求——结合文章的内容，导致答题不完整，这一点在C层次学生中反映得更加明显；还有部分错误源于学生对文章主旨的把握不到位，"相爱相杀的体谅与和解"曲解成"爱的束缚与成长的自由"，脱离文本过度曲解。

第18题为选择题，一部分中上层次的学生也会马失前蹄，究其根源，就是没有结合语境理解，而是凭感觉做出选择。干扰项D的内容若回到原文中去，静下心来分析，便可发现和原意差别甚大。

归纳起来，可得出的结论是一部分学生在理解、分析能力方面存在着以下问题：①阅读效果不佳。易受干扰，阅读不仔细、不深入。②理解重点语句时没有结合语境，凭感觉判断。③不明确题目的意图和要求，答题偏离题意。

第四，赏析能力方面。

第16题属于屡次训练的经典题型。答题情况显现出语文学习的收获，学生能力水平较开学初进步明显，不仅答题要点到位，而且形式规范，另外还涌现出一批具有个性化语言，个性化角度的答案。但C层次学生分化较大，一部分学生还需在答题全面性方面进行强化训练。

四、针对不同层次学生的阅读教学策略建议

总体来看，A、B两个层次的学生在各方面能力上比较接近，A层次学生的语文阅读素养略高于B层次的学生。C层次的学生相对于A、B层次来说，与该层次学生的语文阅读素质不相一致，阅读品质上更易受干扰，优生数量相对较少。对此，我们对A、B层次的学生，应从能力方面入手，通过各种引导和训练来提高其各项基本能力，而对于C层次的学生，主要还是注重对其基础和阅读的品质培养。

A、B层次：

（1）在信息提取和概括能力方面，还需训练学生的概括能力，促使他们锤炼语言，使其能够进行简洁、准确、凝练的概括。

（2）在归纳能力方面，需要引导该层次的学生注意答题的全面性。能对文章和题目有更完整、更全面的理解。

（3）在理解分析能力方面，要重点引导其在审题时务必做到认真细致，按要求作答。

（4）鼓励学生增加阅读量，大量阅读更多的优秀作品，提升对语言的品味能力。

C层次：

（1）抓基本功，注重积累。让学生掌握课内的基础知识。

（2）加强培养学生的规范意识，加强学习方法的指导。

（3）对开放性试题进行归类，整理答题规范，引导答题思路。让学生既有章可循，又能个性作答。

（4）加强审题训练。指导学生理解题目设置的思路。

（5）敦促学生多阅读，培养学生专心致志、心无旁骛的阅读品质。进行快速阅读训练，培养学生快速寻找信息的能力。开展课前演讲活动，培养学生的语言组织能力。

附2：前期调查问卷分析报告

调查时间：2016年10月19日。

调查对象：初中一年级100名学生。

研究方法：问卷调查法、座谈谈话法。

调查题目：初中学生作文现状情况的调查。

说明：本次调查采取问卷的形式，对我校初中一年级的两个班，共100人进行了调查。本次调查从学生的角度对其写作情况和其他相关问题进行评价，有较强的真实性和可信性。

一、问卷内容

1. 你喜欢读课外书吗？（   ）

①非常喜欢　　②比较喜欢　　③一般　　④不喜欢

2. 你是否经常读课外书？（   ）

①经常读　　②有时读　　③在老师、家长要求下读　　④从来不读

3. 你喜欢读哪方面的书？（   ）

①优秀作文选和提高作文技能的书　　②百科知识书

③报纸、杂志　　④故事、童话、小说、传记文学　　⑤卡通漫画书

⑥其他（请在横线上写出你喜欢阅读的书类型）：＿＿＿＿＿＿＿＿＿＿

4. 你每天花多少时间读书？（   ）

①基本不读　　②不到30分钟　　③30~60分钟　　④60分钟以上

5. 你是怎样读书的？（   ）

①随便翻翻　　②只看自己感兴趣的部分　　③通读全书

④读到自己感兴趣的地方，能边读边想，记下疑问并请教别人

6. 你读书时是否有摘抄的习惯？（　　　）

①经常摘抄　　②偶尔摘抄　　③在老师的要求下摘抄　　④从不摘抄

7. 摘抄过、见过、学过的好词好句你会在作文中运用吗？（　　　）

①不会　　②有时会　　③经常会　　④会有意识地运用

8. 平时，你会留意身边发生的事情吗？（　　　）

①观察很仔细，记得很清楚　　②留意，但印象不深　　③不太留意

9. 遇到自己感兴趣或惊奇的事时，你怎样做？（　　　）

①告诉别人　　②记在日记本上

③动脑筋想一想　　④过了就过了，没放在心上

10. 你有写日记或周记的习惯吗？（　　　）

①没有　　②老师布置才写　　③有时兴趣来了就写　　④经常写

11. 通常，你会在日记（周记）里记些什么内容？（　　　）

①一天的生活学习情况　　②每天发生的新鲜事

③自己的心里话　　④感受特别深的事情

12. 一般情况下，你在写作文或日记之前是一种怎样的心情？（　　　）

①很有激情，充满创作的欲望　　②比较有激情，有创作的想法

③没有什么特别的感觉，无所谓　　④烦躁，不太想写

13. 一般情况下，你写完作文或日记后会有一种怎样的心情？（　　　）

①愉快、满足　　②完成任务后的轻松　　③没什么感觉　　④真累啊

14. （本题及下一题可以选做一题）你喜欢作文的原因是（　　　）

①觉得作文很容易，能从中获得成功的体验

②对作文非常感兴趣

③老师、家长的鼓励

④喜欢上课的老师

15. 你不喜欢作文的原因是（　　　）

①觉得作文很难　　②对老师出的作文题目不感兴趣

③老师给的作文分数低　　④不太喜欢上课的老师

16. 你觉得作文难写的原因是什么？（　　　）

①没有东西可写　　②缺少好词好句　　③肚里有话表达不出

④作文题缺乏新意，脱离学生生活　　⑤其他：＿＿＿＿＿＿＿＿＿

17. 通常作文课给你的感觉是：（　　　）

①轻松愉快，丰富多彩，使人充满信心　　②严谨，但乐趣少

③平稳单调，不讨厌也没乐趣　　④紧张单调，难以忍受

18. 上作文课时，你能在教师的提示下回忆起与某方面相关的一些经历吗？
（　　　）

①通常都能做到　　②有时能做到　　③偶尔能这样　　④从来都做不到

19. 你写作文的目的是？（　　　）

①为了完成老师布置的作业　　②为了练好作文　　③为了中（高）考

④为了记录自己的生活，表达自己的情感　　⑤其他：＿＿＿＿＿＿

20. 你比较喜欢写什么类型的作文？（　　　）

①写人记事的　　②写景状物的　　③想象作文

④自由作文（日记、诗歌、小散文等）

⑤其他：＿＿＿＿＿＿＿＿＿＿＿＿＿＿＿＿

21. 写作文时，你最喜欢写什么样的内容？（　　　）

①写个人的生活志趣　　②写同学之间的事　　③写个人家庭的事

④写社会中的事　　⑤写自己不熟悉的事　　⑥写教材中的人和事

⑦写其他内容

22. 写作前，你是否有读别人的佳作或查阅相关资料的习惯？（　　　）

①常常是这样　　②有时是这样　　③偶尔是这样　　④从不这样

23. 你对批改后的作文的做法是（　　　）

①没时间看　　②只看分数和评语　　③再看看自己的文章　　④再修改

二、调查结果与分析

本次发放问卷100份，回收100份，全部有效。

（一）调查结果统计

（1）40％的学生喜欢写作，认为作文重要；50%的学生觉得作文难。

（2）36%的学生写作的出发点和目的是完成老师布置的任务；20%的学生想通过写作提高自己的作文水平。

（3）对于写作习惯，20%的学生能主动写作；68%的学生不主动写，但能完成老师布置的任务。

（4）80%的学生喜欢看课外书但其所看的课外书种类单一，通常是作文大全、全国优秀作文等。46%的学生每天花一个小时看课外书。42%的学生看课外书是为了摘录好词好句。

（5）认为写作遇到的最大困难是语言贫乏的占样本总量的52%；16%的学生认为写不出新意。

（6）61%的学生喜欢想写什么就写什么，擅长写真实的人和事。

（7）不喜欢作文课的学生占50%；认为老师的作文教学是提供写作的套路以便应付考试的学生占样本总量的60%。

（8）80%的学生给语文老师的建议是：让作文课更活泼有趣、丰富多彩；多给学生阅读的时间；多让学生写一些观察日记；讲评作文，除欣赏同学优秀作文外，也要指出学生的不足，并让学生改正；多教作文方法和技巧；多让学生交流，老师也写作文并读给学生听；改作文时，可以当面批改，指出学生存在的问题、应注意的方面。

（二）显现的问题

第一，大多数学生阅读面窄，对生活的观察和体验不够。即使阅读，也仅仅热衷于读优秀作文的书，明显存在急功近利的思想。对作文而言，阅读是"源"，作文是"流"。没有"源"哪有"流"呢？阅读不但使学生产生写作的欲望，而且大量的阅读积累还会在内容、构思、语言方面，对写作产生潜移默化的影响。谚语云"熟读唐诗三百首，不会吟诗也会吟"，说的就是这个道理。可是，我们的学生呢？据调查得知：①大多数中学生课外阅读时间不足，特别是有些学生更谈不上有多少阅读时间和阅读量（父母在外打工，留守的孩子们靠爷爷奶奶，或外公外婆，或其他亲人照看。对于这些留守儿童而言，他们的代理家长不懂得该给他们买什么样的课外书，即使买了他们也没有时间看）。②多数中学生阅读中外名著的数量很少，有三分之一的学生竟然根本没有读过任何一本名著。部分学生从小学到中学的十几年时间里，很少阅读，或者是读了，却没有读精品，以致语言词汇贫乏，思想、情感更贫乏。一个各方面都贫乏的人，对写作自然没有兴趣，自然"没有写的"。所以要想写好作文，首先要经历大量的阅读，而且要读精品，有丰厚的积累。

第二，大多数学生写作兴趣不浓，对生活缺乏观察、感受和体验。兴趣是最好的老师，兴趣是学好一门功课的前提条件和无形动力。而学生的学习兴趣不是自身固有的，也不是从天上掉下来的，而是要靠教师一点一滴地培养出来的。但大多数教师上作文课的程序无非作前指导、学生写作、教师批改三步走。教师关在校园教作文，学生禁锢在教室里写作文，写人、记事、写景、状物、抒情、说明、议论，周而复始地练，其结果收效甚微，学生越练越没劲，越练越厌恶写作文。加之当前学生的学习压力大，学习紧张，对学习生活感到枯燥乏味。乃至学生不但觉得自己的生活"没意思"，而且用冷眼看世界，觉得什么都"没意思"，什么都与自己无关。这样，写作和生活脱轨，平时没有积累好的写作素材，就不可能写出好文章。

第三，部分教师过于重视写作方法和技巧的传授，轻视引领并落实语言的积累和运用，学生在作文方面久练无长进，挫伤了写作的积极性。作文的教学过程由于种种原因，简化成"指导—习作—批改"三个环节，况且这三个环节中存在很多问题，如部分教师要求偏高，未能做到因材施教，动辄要学生写大作文，动辄来个全方位的挑剔性评价，甚至于评价起学生作文的深度和内涵。特别是批改时，只要文中主题正确都给及格分，得高分严格控制。评语是无关痛痒的话，哪篇文章都通用。到头来，学生既不知自己有没有上路，也不知道自己的写作有没有优点，以及有什么优点和缺点，以致很多学生拿到作文看一下分数便放置一旁。

第四，大多数作文教学缺乏总体规划，更谈不上系统的作文教学思路了。整个教学给人一种"脚踩西瓜皮，滑到哪里算哪里"的感觉。作文教学中仍存在教学无序性、训练盲目性、评改随意性等诸多弊病。没有详细的作文教案，没有明确的难点与重点，只有一个粗略的打算：每两周写一篇大作文，或每两周写一篇大作文，每周写几篇小作文。至于写什么、怎么写，只能凭一时的冲动或手头的一个好作文题。由于作文批改工作量大，很多教师为了应付学校的检查和敷衍学生期盼的目光，纷纷用"阅"或分数来代替点评，即使有点评也多是笼统空泛、千篇一律，作文批改仍停留在形式上，随意性很大。教师只满足于作文的次数，忽略学生作文水平的提高，这样的作文教学只能使学生成为完成作文任务的机器，很难激起学生写作的动力，也无法使学生的作文能力得到提高。

附3：后期调查问卷统计分析

一、调查背景

根据平时的语文作文教研反馈，大多数一线教师在平时作文教学中的情况确实不容乐观。从教师这一方面来谈：因为相对有限的教学课时，教师必须把大量的精力和时间投入常规的教学任务上，首要任务是保证教学进度能按时按量完成，这样自然就压缩了应有的作文教学课时。许多教师只能参照中考作文出卷模式，直接给学生命题和提示，让学生课后自由地去发挥。再从学生这一方面来说：因为学生个体上的差异，再加上缺乏教师行之有效的作文教学指导和训练，学生往往会采取应付教师检查的态度和做法，这样导致平时的作文教学很难达到一个理想的状态。语文教材在选材立意、谋篇布局、语言使用等方面都堪称作文典范。如果能够创造性地理解和使用这些教材范文，就能让学生在教师的课堂指导下学会由先"赏"到"仿"最后到"变"的写作思路。而"变"是重中之重，若能结合自身实际特点和优势，则学生就能形成一套适合自己的有效的写作模式，在写作中挥洒自如。因此新课程背景下初中作文有效课堂模式的实践研究——以课堂中的教材范文教学带动平时的作文教学这份课题的研究和调查就很有现实指导意义。

二、调查范围

被调查学生是我们课题组所任教的学生。发放的调查问卷涉及3个班级，每班20人，分课题前期问卷调查和课题后期问卷调查各60份，一共120份，收回有效调查问卷120份，主要是九年级学生。既有成绩较好的学生，也有成绩相对较差的学生，因此学生样本中基本包括各层面、各种类型的学生，具有代表性和普遍意义。

三、问卷内容

请同学们以求实的态度，认真如实地填写下面的题目，凡认为对的在"□"内打"√"，并在问卷最后留下你宝贵的意见。

1. 老师在教授教材范文时会不会教授教材中的写作技巧：

经常会□　　　偶尔会□　　　从来不会□

2. 请你找出教材范文《阿长与〈山海经〉》所教授的写作技巧：

先抑后扬□　　　巧设悬念□

3. 请你找出教材范文《走一步，再走一步》所教授的写作技巧：

以小见大□　　　借景抒情□

4. 请你找出教材范文《春》所教授的写作技巧：

借景抒情□　　　先抑后扬□

5. 请你找出教材范文《陋室铭》所教授的写作技巧：

托物言志□　　　巧设悬念□

6. 请你找出教材范文《爱莲说》所教授的写作技巧：

对比衬托□　　　先抑后扬□

7. 你喜欢老师教授教材范文时教授这样相应的写作技巧吗？

很喜欢□　　　一般般□　　　不喜欢□

8. 老师教授完教材范文中的写作技巧后有没有布置相应的写作任务？

经常有□　　　偶尔有□　　　从来没有□

9. 本学期的作文练笔篇数是：＿＿＿＿＿＿，它们的题目是：＿＿＿＿＿＿

10. 通过学习教材范文中的写作技巧你感觉是否有收获？

进步很大，写起来很顺手□　　　有点收获，还是觉得有些困难□

没有收获□

11. 你认为作文教学中老师最应该做好的一个方面是什么?

指导□   批改□   讲评□

12. 老师通常给学生讲授的作文知识:

限于教材□   平时作文写作技巧训练□   参考其他资料补充□

13. 你认为作文教学应选择:

老师先指导学生再写□   学生先写老师再指导□

14. 你觉得老师对学生作文的指导主要包括:

审题□   立意□   取材□   构思□   修改□   技巧□

15. 你认为每次作文前老师启发、提示应:

多说些□   少说些□   视情况而言□

16. 老师一般采用哪种方式评价学生作文?

整体分数□   分项分数□   评语□   等级□   其他□

17. 老师评价学生作文时:

面面俱到□   只根据本次作文要求重点讲一点□   不好说□   其他□

18. 老师一般采用哪种方法批改学生作文?

精批细改□   全收略改□   全收轮改□   当面批改□

师生共同批改□   学生互改□(两人□   小组□)

19. 老师在作文批改时遵循什么样的原则?

内容兼顾形式□   多批少改□   多表扬少批评□   因材施教□   其他□

20. 你认为学生写完作文后,老师在多长时间内讲评效果最好?

写好后当堂讲评□   两三天内就讲评□   下次作文前附带讲一下□   其他□

21. 你觉得老师的作文教学对你有帮助吗?(   )

有很大帮助□   有一定帮助□   没有帮助□

22. 请写出老师的作文教学对你的帮助: _____

23. 作文课给你的感觉是:

轻松愉快,丰富多彩,使人充满信心□   平稳单调,不讨厌也没乐趣□

24. 通过老师的作文指导教学后你对提高自己的写作能力有信心吗？

有信心☐　　　怀疑☐　　　没信心☐

25. 最后请你提出宝贵的意见及建议：_____

四、统计及分析

该问卷在课题开题前和课题开题后对学生进行调查问卷，主要调查了学生对待作文的态度、作文中存在的困难、希望得到教师哪些方面的指导、教师具体指导了哪些内容、学生通过教师的作文教学指导后有何收获和提高，以及自身存在哪些不足和困惑等问题。我们希望通过对学生的调查反馈来发现学生作文教学中存在的问题，力求获得作文教学的最佳效果。

经过对问卷的统计、分析，我们发现，学生和教师在平时的作文教学中主要存在着以下几个问题：

（一）学生对待作文的热情和积极性不高

只有10%的学生是非常喜欢写作文的，有78%的学生喜欢或有时候喜欢写作文，有11.6%的学生是不喜欢写作文的，这说明大部分学生对待作文的热情和积极性不高，非常喜欢作文的比重太少。虽然高达93%的学生能认为作文非常重要，大约7%的学生觉得作文不重要或不了解作文的重要性，但这些数据恰恰说明学生主观上对作文的认识与现实中的实际态度有很大出入，这对学生的作文能力的发展提高是非常不利的，所以激发学生对待作文的热情和积极性迫在眉睫。

（二）学生写作水平整体不高

我们通过调查了解到，大部分学生的写作存在着一些问题，有73.3%的学生觉得自己的写作水平很一般，有10%的学生觉得自己的写作水平很差，甚至有4%的学生不知道自己的写作水平如何，而只有3.33%的学生觉得自己的写作水平很优秀，学生写作整体水平不高，对自己的作文没有很大的信心，如果再缺乏教师的有效指导，那形势将更加严峻。

（三）学生写作面临多方面的困难

学生写作面临的困难主要有：词汇量匮乏，肚里有话表达不出来；语言组织能力不足，不能深刻理解作文题目；不懂得灵活运用知识，这是80%左右的学生在调查中反馈出来的情况，比例比较高；甚至还有14%的学生认为没有东西可写。这些数据说明学生在作文写作中遇到的困难是多方面的，这势必打击他们对待作文的热情，所以教师在课堂上应该进行有针对性的引导和训练，解决学生写作中面临的困难，从而提高学生对待作文的热情和积极性，最终提升学生整体写作水平。

五、建议与策略

针对调查中发现的问题，如学生对待作文的热情和积极性不高，学生写作水平整体不高，学生写作面临多方面的困难。结合本课题开题后期调查结果，现提出解决的建议和策略如下：

第一，激发、培养学生的作文兴趣至关重要，它是作文教学的关键点、基础点。

"兴趣是最好的老师，是入门的向导，是求知的动力。"要想使学生乐于写作，就要培养学生的写作兴趣，使学生有话可写，甚至促使学生变得爱写作文，把写作文当成一种享受，当成一件美妙无比的事情。作文教学尤其是培养作文兴趣，我们当教师的心态要放平、放正，对学生作文千万不要急躁，求全责备，尤其是对作文能力暂时较差的学生更要有百分之二百的耐心。放宽、放松要求，让他自己想想可以写一篇什么作文，哪怕一段话也行。对待这样的学生教师更不能用每学期必须完成8篇或10篇大作文来要求了。可以就写2篇，但要修改个三遍五遍的，直到他们也能写出满意的作文来了，这样他们的写作兴趣就一点点培养起来了。

教师要善于发现学生作文的"闪光点"，尤其是针对不愿写的和写不好的学生切忌吹毛求疵。哪怕学生仅是标题拟得新颖别致或开篇简洁明快，或在行文中用了一种恰到好处的修辞，一个新颖得体的词语，等等，教师都应及时给予肯定，或在讲评作文时当众赞美，或在批阅作文时不忘用评语加以表扬。教师的表扬鼓励犹如给学生注射了一支兴奋剂，学生定会再接再厉、信心倍增，对待作文的兴趣必然大增。

第二，借鉴范文教会学生一些写作的技巧，"授之以鱼不如授之以渔"，借鉴范文是作文教学的重要内容。

范文是一面镜子，特别是一些选入语文教材的名家名篇大多是从思想内容到技法章法上的经典之作。里面有很多写作技巧可以用来参考和借鉴，对照范文，学生能发现自己作文的不足。所以本课题新课程背景下初中作文有效课堂模式的实践研究以课堂中的教材范文教学带动平时的作文教学，就是有针对性地训练，如结合《阿长与〈山海经〉》来教授先抑后扬的写作技法，结合《走一步，再走一步》来教授以小见大的写作技法，结合《春》来教授借景抒情的写作技法，结合《陋室铭》来教授托物言志的写作技法，结合《爱莲说》来教授对比衬托的写作技法……让学生掌握这些技法的主要技巧，通过反复训练，使学生能够将学到的写作技巧熟练运用到自己的作文创作中来；同时，课题对教材范文的一些亮点有所选择，或语言，比如《春》，或选材，比如《走一步，再走一步》，或主题拔高，比如《陋室铭》《爱莲说》……点面结合，来解决学生写作中面临的困难。通过后期问卷调查的反馈，高达81.7%的学生喜欢教师教授教材范文时教授相应的写作技巧，38.3%的学生认为教师的作文教学对自己有很大的帮助，61.7%的学生认为教师的作文教学对自己有一定的帮助，85%的学生觉得通过教师的作文指导教学后对提高自己的写作能力很有信心。

写作是运用语言文字进行表达和交流的重要形式，是认识世界、认识自我，进行创造性表述的过程。写作能力是语文素养的综合体现。写作教学应贴近学生实际，让学生易于动笔、乐于表达，应引导学生关注现实，热爱生活，表达真情实感。所以我们应该让学生知道，作文并不可怕，只要我们在生活和学习中做个有心人，善于观察、善于思考、善于借鉴、善于积累、乐于表达、勤于动笔，就一定能对作文产生浓厚的兴趣，就一定能写出一篇篇漂亮的文章来！

六、调查的意义和目的

有针对性地设计这套调查问卷，对调查问卷进行认真仔细的分析，从中发现发掘出问题，提出解决办法，改进我们当前的教学方法，是问卷的主要目的，我和我的课题组成员将按照我们的方案进一步推进我们的课题研究。

从以"教"为主到以"学"为主的阅读教学模式转变

一、研究问题

（一）研究目的

本课题旨在对课堂的教学目标设计、内容设计、组织形式设计等方面进行研究，以期对从事一线教学工作的教师有更多的启发，让有效课堂实践可以更多些参考，提高可操作性。重教轻学，是传统教学模式的积弊。其实"教学"二字，包含了"教"与"学"。究其根本，"教学"应是指教师引起、引导、促进学生进行自主学习的所有行为。那么如何引发学生主动学习的动机，如何引导学生参与教学过程，明白自己要实现的学习目标，如何选择易于学生接受的技巧性教学方式，就是我们所要思考的问题。现代学校制度建设的核心理念是以人为本，课堂教学更需要"目中有人"。学生学习的主要目的不仅是要记住教师所讲的和教科书上的内容，而且要参与建立该学科知识体系的过程。所以，教师要追求教学效果的优质，要注重追求"学生发展本位"，让课堂有"生命"，这样才是有效教学，这样学生的"得"才能高效实现。

（二）研究意义

1. 理论价值

通过研究把握不同层次学生的语文课堂学习特征、基本方法，探索实施高效课堂教学的基本途径，完善课堂教学有效性的理论建构，丰富课堂教学有效性的理论内涵。

2. 实际价值

（1）促进学生语文阅读能力的全面提高。有效课堂教学的研究是对语文教学的深入研究。教师有目的、有计划、有组织地引导学生积极自觉地学习，加速学生掌握语文学科的基础知识和基本技能，促进学生语文阅读能力的全面提高。

（2）促进初中语文课堂教学的高效发展。课题的提出将从教学的内容与教学方法上对传统教学模式进行改进，以学生的心理因素、思维习惯、阅读积累、写作技巧等方面为抓手，为其他面临同样困惑的教师提供一些教学的对策，促进课堂教学的高效发展。

（三）课题界定

1. 相关核心概念的界定

有效课堂教学：主要是针对当下低效的教学现状提出来的。有效课堂教学是指通过课堂教学使学生获得发展。发展就其内涵而言，指的是知识与技能，过程与方法，以及情感、态度与价值观的协调发展。

基于不同层次的学生：因不同的学生在学习习惯、行为方式、思维品质和兴趣爱好等方面存在差异，其表现在学习需求和能力发展上也不尽一致。这就要求我们关注不同层次学生的需求，全方位地促进学生的成长。

2. 研究问题的界定

本课题研究所要解决的主要问题是：首先，从理论层面对有效课堂进行学习研究，致力于通过理论的学习，发现学生心理需求与教师教学活动的关联性，并从中获取实践操作的指导方向。通过分级管理、统筹兼顾，把从理论中获取的指导性思路运用于有效的教学设计，充分考虑学生在课堂上的地位和作用。其次，通过课堂实施进行有效教学的尝试，让学生的主体参与性得到提高，并且组织教学评价分析，提炼出切合学生实际的高效设计。最后，进行新一轮的再设计、再实施、再评价，逐步减少外部控制、逐步淡化教师的中心主导地位、逐步完成学生自我实现意义的建构，形成高效设计、高效评价，教师教学有价值、学生学习有意义。

二、研究背景和文献综述

（一）研究背景

有效教学的理念源于西方的教学科学化运动，该理念的核心是教学的效益。教学的效益是指在教师进行了一系列的教学活动之后，学生所获得的收获和具体的进步。20世纪以前在西方教育理论中占主导地位的教学观是"教学是艺术"，但20世纪以来受科学思潮的影响，以及心理学特别是行为科学的发展，人们逐渐意识到，教学也是一门科学。即教学不仅有科学的基础，而且可以用科学的方法来研究。有效教学理念就是在这一背景下提出来的。

（二）文献综述

关于有效教学的研究，部分教学研究人员、在校硕士研究生及一线语文教师进行了一些研究分析。

20世纪40年代以后，美国的一些教育家认为，在传授知识的基础上一定要多多重视发展学生运用知识解决问题的能力。教育理论家布鲁姆在20世纪60年代末开始，在芝加哥大学开始进行教学改革，他对改进教学过程与方法，充分发挥学生的学习主动性和学习能力，以及全面提高教学质量进行了深入研究，并且提出了一套完整的"掌握学习"理论，该理论是他有效教学理论的核心观点。

国内针对有效教学的典型研究主要集中在几个教学流派方面。例如，当代著名的教学专家邱学华发现，教师先讲、学生听懂后才练习的教学方式，学生学得累，且教学效果不理想。青浦教研员顾泠沅在1980年的青浦实验中将"大面积提高教学质量"的经验概括为4条有效的教学措施：激发兴趣，让学生在迫切的要求下学习；处理教材，组织好课堂教学层次、序列；改进方法，在讲授的同时辅以尝试活动；效果反馈，及时调节教学。在语文教学领域，魏书生提出"六步自学法"，即"定向、自学、释疑、探究、互测、自结"，不断探究的背后是对课堂有效性的追求。

三、研究程序

（一）研究设计

首先，本课题从理论层面对有效课堂进行学习研究，致力于通过理论的学习，发现学生心理需求与教师教学活动的关联性，并从中获取实践操作的指导方向。通过分级管理、统筹兼顾，把从理论中获取的指导性思路运用于有效的教学设计，充分考虑学生在课堂上的地位和作用。其次，通过课堂实施进行有效教学的尝试，让学生的主体参与性得到提高，并且组织教学评价分析，提炼出切合学生实际的高效设计。最后，进行新一轮的再设计、再实施、再评价，逐步减少外部控制、逐步淡化教师中心主导地位、逐步完成学生自我实现意义的建构，形成高效设计、高效评价，教师教学有价值、学生学习有意义。

（二）研究对象

1. 教学目标设计有效性

明确教育教学的目标。一节课如果目标不明确，该节课的教学就失去了方向。目标的设计有效性，就是明确学生现在达到什么样的学习效果和即将达到什么样的学习效果以及将来达到什么样的学习效果。

2. 教学内容设计有效性

有效的课堂，讲究的是在这堂课上教什么内容、为什么这样教、怎么教，这些都要根据学生的实际接受水平和需要来确定。在教学实践中，可以根据语文学科的特点，侧重于现代文（散文、小说、说明文、议论文）教学设计、文言文教学设计、诗歌鉴赏（古诗、现代诗）教学设计、文化经典阅读（名著）教学设计等。

3. 教学组织形式的设计有效性

传统的教学设计是刚性的、静态的、封闭型的，学生孤立于教学设计之外，是教学设计的接受者，对教学设计没有发言权，学生的活动要配合教师的需要。新课程要求教学设计是多维、多向、动态的，教师、学生、教学情景都是教学资源，因此教学预设是弹性的、动态的、开放的。这就要求教师在对教学活动的组织形式设计上须充分考虑让学生的主体地位和作用得到体现，让学生更为有效地获得知识与能力。在教学组织形式的设计上，可以利用课堂导入的有效性吸引学生，借助师生互动的有效性来营造氛围，强化问题生成的有效性来让学生自主探索，通过学生活动的有效性来让学生的自我研究能力得到提升，再通过有效的评价反馈来考查研究的成果，并且提高教师的"反思力"，实现教师个人能力的提升。

本课题的研究重点是分析初中语文课堂教学成效低下的深层原因，并提出课堂阅读教学有效性的主要对策。

（三）研究方法

为了使研究更有针对性，主要采用综合方法，既能继承现有的研究成果，采用文献研究的方法进行取材，又能以课堂为阵地，采用调查问卷法、行动研究法、案例分析法、经验总结法等，以期达到最佳研究效果。

（1）课题前期主要是问题的采集和归纳阶段，采用观察法、调查法、文献研究法等方法，通过座谈、调研等方式，从多角度分析相关资料，从而分析影响课堂教学有效性的因素，找准问题的突破口。

（2）具体研究阶段主要采用行动研究法，各成员分工协作，以课堂为主阵地，在行动中反思，在反思中行动，逐步完善阅读教学各环节有效教学的方案和策略；征集实际案例，采用个案分析法，从具体到一般，总结规律，验证课题假设。

（3）总结阶段主要采用抽样调查法，汇集各种信息，评价教师专业发展情况和学生素质的发展状况，邀请相关专家做现场评估；召开课题小组会议，归纳总结，形成终期研究报告，汇编研究成果集。

（四）技术路线

根据本课题研究的实际需要，由具有一定理论水平、实践教学经验的教研员和一线教师组成的团队，将课程标准作为理论指导，采用系统的方法，有计划、有目的地分析一线课堂教学实际，研究探索出一套适合本地区实际的有效的语文教学策略。

根据计划安排，本课题研究分三个阶段，具体如下：

第一阶段：准备阶段（2017年3—8月）。

遵循教科研的科学性原则和循序渐进原则，侧重于对"语文有效课堂教学"这一核心概念的界定、内涵和特征的把握，通过研究，揭示初中语文有效课堂教学的特征、模式及影响课堂有效教学的因素。

通过查阅相关资料，了解初中语文有效课堂教学研究的现状，寻找相关教育教学的理论支撑。

成立课题研究小组，建立网络平台，制定研究方案。进行课题的前期论证和文献资料的搜集、整理、学习，明确课题研究的目的和意义。初步调研全市初中语文课堂阅读教学的现状，收集问题，归纳整理。

第二阶段：实施阶段（2017年9月—2019年3月）。

聚焦课堂深入探究，与课题组教师深入调研实践，摸索总结出有针对性的初中语文有效课堂的教学模式。

按照课题实施方案开展研究，主要是开展课堂教学实际调研、组织学科教师座谈、走访学生、开展相关内容的课堂试验、组织观摩研讨会等，按照课题小组人员分工，搜集资料，撰写论文。注意试验课后的调查研究，定期进行检测和阶段性小结。在此基础上调查、规划下一阶段的课题研究的工作要点，继续深入开展试验。

第三阶段：结题阶段（2019年4—6月）。

整理课题研究的相关成果，包括研究过程记录、调查报告、研讨资料、公开课教学设计、案例及反思、相关论文等，编辑成册。准备结题的相关工作，组织填写结题报告书，撰写课题研究报告，申请结题。

四、研究发现或结论

通过对课题的研究实践，我们对初中语文有效课堂教学策略有了进一步的认识：在阅读教学中，首先要创设一个有吸引力的教学情境，引导学生主动参与学习过程，教师可借助音乐渲染、扮演体验、视频还原等手段精心创设情境，提高学生阅读体验。其次阅读教学可以针对不同层次的学生采取弹性化的策略，改变学生"老师提问，我来答"的被动接受式的阅读体验，根据班级情况，适时调整已有的实施策略，如教学流程可以在课堂生成中即时进行变奏等。基于以上的认识，我们不断完善教学设计，实践证明这个过程对教师提高教学效率起到了很大的作用。

同时我们发现课题研究能有效促进教师的专业成长。在课堂教学中关注不同层次学生的学习需求，让课堂教学不拘泥于固有的模式，更关注学生现实的阅读体验。伴随着课题研究，许多教师积极阅读教育专著，收集整理了大量的相关资料，对教育科研工作充满浓厚的兴趣，实现了自身素质的提高。同时，在课题研究中形成了一些共识：

第一，学生阅读能力的提高是一个系统工程，要求学生以具有相配套的阅读量为基础，因此，拓宽学生的阅读量是不同层次学生提高阅读能力的根本。

第二，在课堂阅读教学中，不同的构思、不同的呈现方式，影响学生的学习效果，教师需要多下功夫钻研，这对教师的素养、责任心、态度等要求较高。从某种意义上说，高效的课堂源于高素质的教师。

第三，现代化教学手段的实施，尤其现在是学生普遍使用智能手机的时代，教师要主动占领智能手机的"阵地"，为阅读教学提供优良的土壤。但取决于教师本身的热情、心力等。

第四，在充分利用好阅读教学的主阵地的同时，建议能有机整合学校的资源，拓展学生的阅读空间，如图书馆、阅览室等；同时，还要充分利用好学校的平台，构建学生的阅读时间'网'，如课余时间的活动跟阅读挂钩，新型的电视节目"见字如面"等跟阅读巧妙对接，以及名著阅读跟学生的兴趣爱好（绘画、版面设计）完美融合等。

五、分析和讨论

第一，探索课堂阅读教学的有效性，从不同角度入手，寻找适合不同层次学生的有效教学手段。

　　课题组成员合理分工，在开展阅读研讨课时有所侧重，或重点研究不同课堂导入的效果，或重点研究课堂教学中"植入"视频教学的效果，或重点研究常态化教学手段的效果，或重点研究课堂总结的效果，等等。通过多次尝试发现，课堂的切入点对激发学生的阅读兴趣、提升课堂教学效率有很大的帮助；课堂教学中"植入"视频教学的效果比较好，学生积极性提升，不同层次的学生均在课堂中表现出巨大的热情；反之，常态化教学对学生的吸收而言，并不如预想的好。不少教师在研究总结中颇有心得，顺利完成了相关论文。

　　第二，探索课堂阅读教学的资源整合，充分利用学校的各类平台，拓展学生的阅读面，激发学生的阅读兴趣。

　　学校的很多资源其实都有利于助力阅读教学。为了丰富学生的生活，学校往往会举行各类活动，语文组要机智巧妙地利用好学校的各种平台，整合资源，设计各类有利于阅读教学延伸的活动，如举行海报设计大赛、读书笔记展、读后感竞赛、"见字如面"演讲比赛、名著知识竞赛等，激发学生的兴趣与潜能。

　　第三，探索课堂阅读教学的创新延伸，巧妙利用现代化信息技术，将阅读教学延伸到学生的课余生活。

　　在充分调研的基础上，根据不同层次学生的共同需求，尝试新的阅读延伸干预。例如，申请并建立教师个人的阅读公众号，或发表教师个人原创的文章，或主要发布学生的原创作品，吸引学生关注，使学生阅读兴趣大增，这种方式尤其对后进生影响颇大，促使他们从不爱阅读，到可以认真阅读部分文章，从这个意义上说，巧妙利用现代化信息手段，帮助不同层次学生走进阅读，是不错的创新举措。

　　当然，也可以尝试运用其他的信息化教学手段，比如微课等，但效果远不如公众号影响力大，究其原因，公众号发布的内容更容易吸引学生的注意力，学生更愿意在公众平台进行阅读。不过，教师创建一个好的阅读公众平台，的确是一件工程浩大的事情，背后不仅需要技术指导，还需要教师花费很大的心力。这在比较繁忙的语文教学工作中，实现起来困难重重。

六、反思建议

课题研究还有应进一步改进的地方。如：①具体的教学实践不能只关注班级与班级之间的层次，还应该关注班级内部学生的层次。②对不同层次的学生阅读教学成果的评价应该有所区别，单一的测验结果不能激发学生的阅读兴趣，应该探究不同的评价手段。③不同年级的学生存在水平差异，同样的教学策略，在不同年级的实践成果之间存在较大的差异，应该选择或制定适应学生年龄和心理特征的教学策略。④教读课文与自读课文所运用的教学策略应有所区分，需进一步探究由引导学习向自学探究转变的课堂模式。

在研究的过程中，我们发现教师的教学习惯、教学方法的转变是很不容易的，在运用相关教学策略进行课堂教学时，还是存在不少的问题。要想在短期内通过实施一定的教学策略并取得丰硕的成果还存在一定的困难。

由于课题组成员的研究水平有限，课题研究的理论指导还跟不上研究实践的需要，影响了研究水平的提高。这就需要各课题组成员进一步重视理论学习，重视现代教学理论的指导与普及，从而使新课程理念自然而然地融入课题研究。

总之，在课题研究的过程中，通过教师与学生的不断磨合与反复实践，不仅提高了教师的专业素养，也激发了学生学习语文的兴趣，在接下来的教学中，各位教师将继续不断进行思考和探索。

在今后的工作中，我们依然会把教学和教研紧密相连，针对以上课题研究中的一些现状，注意阅读相关理论著作，加强理论知识的理解，使尚不成熟的研究结果更加完善；着力提升自己的教育科研水平，力争促使研究的实际意义得到更充分的应用。我们期待在课题研究这块沃土中，不断地收获硕果！

七、主要成果

课题立项后，课题组团队积极开展课题相关研究，两年来，虽经验不足，但是努力摸索，大胆尝试，针对学校生源的特点，进行适时调整。在实施的过程中，课题组不断更新教学观念，对"部编教材初中语文有效课堂教学策略——基于不同层次学生的阅读教学"进行了有价值的理性思考，探索了实施路径，开阔了视野，开拓了思想，学生和教师在课题研究中获得了可喜的成绩，并取得了以下几方面的初步成果：

（一）课题研究促进了课题组成员的专业成长

1. 针对不同层次的学生，教学目标的设定更具靶向性

参与研究的课题组成员查阅相关资料，了解初中语文有效课堂教学研究的现状，寻找相关教育教学的理论支撑。通过理论学习和案例分析，课题组成员逐渐厘清思路，确定研究方向和研究过程，在理论和实践层面获得进一步深化和拓展。在备课的过程中，课题组成员时刻思考和体现"语文有效课堂教学"这一核心概念，逐步形成课前目标定位，课上分层导学，课后分层练习的模式。在教学目标的设置上体现出更大的包容性和更充分的针对性。

2. 针对不同单元的核心内容，教学内容的选择更具针对性

参与研究的课题组成员明确了研究思路，从教学内容的选择上得到思路和方法。通过单元目标的设定，明确了教什么、怎么教、落实什么、如何落实。能够预先进行教学材料的准备和共享，如制作教学课件、设置练习等。避免了教学内容选择的随意性和重复性，在教学内容的选择上尊重教材，最大限度地体现教材本身的意图，探究不同单元的教学内容，体现有序性，逐步区分难易度，一定程度上提高了课堂教学的效率。

3. 针对不同年级的教材内容，初步关注教学内容的承接性

班级内部学生的差异性在分层教学的过程中逐步体现出来，不同年级学生之间的差异性也引起课题组成员的关注和重视。在不断的探讨和课堂实践中，通过相同年级的同课异构，不同年级的阅读指导，参与研究的课题组成员普遍开始反思如何在三年的教学中逐步引导学生掌握语文的阅读能力、理解能力、记忆能力、综合分析能力等，在不同年级的语文课堂中如何体现区分度，通过调研，在今后的教学中课题组成员不断地进行思考和改进。

4. 针对自己的研究思路，初步形成研究成果

本课题研究实行边实施、边总结的方法，及时推广阶段研究成果。通过两年来的实践与研究，课题组成员理论联系实际，用课堂验证自己的探究成果，围绕"课堂的有效性"，在平时的备课中体现出了自己的深度思考。课题组成员积极开设校级公开课、送培送教、省市级讲座等活动，针对"不同层次的学生"，在课堂教学中完成了一次次目标的预设，最终完成了论文的写作，并陆续发表于刊物，一定程度上提升了课题组成员的专业素养。伴随着课题研究，许多课题组成员在研究中，积极阅读教育专著，注重对各种相关资料的收集，对教育科研工作充满浓厚的兴趣，实现了自身素质的提高。

（二）课题研究提高了学生学习语文的兴趣

1. 不同层次的学生在语文课堂上得到了关注

课题把研究的对象定位于"基于不同层次的学生的阅读教学"。因此在课前的预设中，对不同层次的学生进行了梳理，在备课中多了一个很重要的环节：为不同层次的学生预设教学目标。课堂上，通过为学生预设问题，让学生能有效地发言，提高了部分学生参与课堂的积极性。关于课堂问题难易度的设置，关注中等和薄弱的学生群体在语文课堂上得到关注度，并及时给予肯定，这在一定程度上提高了学生学习语文的兴趣。

2. 不同层次的学生在课后有了发挥的空间

课后的反馈和落实是语文教学中较难监控的环节，可以通过分层次布置作业，贴近学生的学习水准。例如，每周的周记，可大致分成两大类：原创和摘抄。根据学生的能力选择更高效的作业形式。讲评时兼顾原创的语言和构思，对摘抄的可借鉴程度进行分析，让学生在完成作业的同时，提高学生的语言组织能力和语言鉴赏能力。又如，在阅读过程中，划分出基础题和提高题。通过限定时间和限定基础得分，让学生在答题过程明确自己的优势和劣势，争取使学生得到贴合其层次的分值以在一定程度上提高学生学习语文的兴趣。

注：本课题"部编教材初中语文有效课堂教学策略——基于不同层

次学生的阅读教学",系福建省教育科学"十三五"规划课题（立项号：FJJKXB17-426）。

附：问卷调查报告

初中语文的课程理念应该是全面提升学生的语文素养，引导学生丰富语言积累，培养语感，发展思维，初步掌握学习语文的基本方法，养成良好的学习习惯，具有适应实际生活需要的识字写字能力、阅读能力、写作能力和口语交际能力。在培养学生的这些语文素养的过程中，阅读教学无疑是中学语文的重中之重。从某种角度上讲，阅读是获取信息、学习知识的主要手段和根本途径之一，是培养其他语文素养的重要抓手。探究如何提高学生的阅读能力，特别是在课堂教学中，如何结合部编版教材中有限的文本，针对不同层次的学生，提高课堂教学的有效性，是此次问卷调查的主要目的。

目前，我们就中学语文阅读教学进行了一次问卷调查，问卷分为两种类型：教师卷和学生卷。教师卷主要针对本校初中部所有在编一线语文教师13名。学生卷调查范围为本校初中部，从三个年级随机抽取4个实验班和4个平行班的学生，共413名。

一、初中语文有效课堂教学策略的问卷

（一）教师卷

尊敬的老师们，课堂教学是学校教学的基本形式，也是课程改革最重要的"阵地"。它不仅是教师教学、学生学习的空间，更是一个特殊的社会舞台。在实际教学工作中，您如何看待语文课堂教学的有效性？为此，"部编教材初中语文有效课堂教学策略——基于不同层次学生的阅读教学"课题组制定了语文课堂教学的有效性的问卷调查，请您花点时间填写（可多选）。谢谢！

1.性别 _____ 从事语文教学时间 _____ 年

2.您的年龄段为（　　　）

A.23～28岁　　　　B.29～34岁　　　C.35～40岁

D.41～46岁　　　　E.47岁以上

3. 目前初中语文课堂教学现状主要表现为（　　　）

A. 教学方法比较单一　　　　　　B. 被动式接受学习

C. 师生之间缺乏交流　　　　　　D. 激发学生的学习兴趣

其他：_____

4. 初中语文课堂教学中提高教学有效性有哪些途径？（　　　）

A. 优化语文课堂的教学思路　　　B. 优化教学目标和教学结构

C. 优化教师的个人素质和修养　　D. 优化使用多种教学手段

其他：_____

5. 您在教学中遇到过为了让学生主动参与、合作交流而影响教学进度的

尴尬吗？（　　　）

A. 经常遇到，以学生为重　　　　B. 经常遇到，以进度为重

C. 偶尔遇到，以学生为重　　　　D. 偶尔遇到，以进度为重

6. 您认为影响语文课堂教学有效性的最主要因素是什么？（　　　）

A. 教师行为的有效性　　　　　　B. 学生行为的有效性

C. 教师目标的有效性　　　　　　D. 教学内容的有效性

E. 教学方法的有效性　　　　　　F. 教学评价的有效性

G. 教学反思的有效性

7. 您常使用的教学策略有哪些？（　　　）

A. 联系生活，创设情境　　　　　B. 开展活动，鼓励探究

C. 教师精彩讲解，学生认真倾听　D. 主要由学生自学探究

其他：_____

8. 您怎样引导学生开展自主学习活动？（　　　）

A. 让学生自由地学　　　　　　　B. 随时巡视，随时指导

C. 提出具体的学习要求，在学生学习有障碍时给予指导

其他：_____

9. 语文教学中，您常利用的教学资源是（　　　）

A. 课本资源　　　B. 媒体资源　　　C. 自创资源　　　D. 现成资源

10. 您怎样看待利用信息技术与提高语文课堂教学效率的关系？（　　）

A. 只有利用信息技术才能提高课堂教学效率

B. 只要利用信息技术就能提高课堂教学效率

C. 利用信息技术与提高语文课堂教学效率没多大关系

D. 合理利用信息技术才能提高课堂教学效率

11. 您是怎样设计语文作业的？（　　）

A. 以课本上的习题为主　　B. 以教辅资料上的习题为主

C. 针对不同程度学生分层次布置作业

其他：_____

12. 您认为什么样的课才是一节好的语文课？（　　）

A. 学生学会了内容　　　　B. 学生学会了方法，形成了好的习惯

C. 学生喜欢语文课　　　　D. 学生开展了语文活动

13. 对于初中语文课堂教学有效性的研究，您还有哪些新的认识？有哪些意见和建议？

_____

_____

（二）学生卷

亲爱的同学们，你们好！为了提高语文课堂教学效率，本课题研究组制定此问卷，目的在于了解你们对课堂教学的想法，以改进我们的教学，使你们喜欢我们的课堂，在快乐的课堂中学习更多的知识和技能。谢谢！（请在括号内填写你认为的选项，若你有其他看法，也可以填写在横线上。）

1. 你喜欢上语文课吗？（　　）

A. 喜欢　　B. 不喜欢　　　C. 不知道　　　D. 说不上

2. 你喜欢上这门课的主要原因是（　　）

A. 喜欢教这门课的老师　　B. 对这门课感兴趣

C. 老师的课上得好　　　　D. _____

3. 你觉得老师的课上得好，好在（ ）

A.学识渊博　　　　　　　B.和蔼可亲

C.教法灵活　　　　　　　D._____

4. 老师设计的课堂情境你觉得（ ）

A.能吸引你

B.不能吸引你

C.老师很少设计或从不设计

D._____

5. 课堂上，对老师的提问你会（ ）

A.积极思考，主动发言　　B 会积极思考但不愿发言

C.从不举手发言　　　　　D._____

6. 上课时，老师设计的各种知识点的内容讲解，是否注意培养了你的思维能力、语言表达能力和合作探究能力？（ ）

A. 没注意　　B. 时而注意　　C. 注意　　D.特别注意

7. 上课时，教师是否注意传授一些学习方法和学习的窍门（如记忆的方法、记笔记的方法等）？

A. 没注意　　B. 时而注意　　C. 注意　　D.特别注意

8. 语文课堂教学中学生的活动方式你最喜欢哪种？（ ）

A. 以学生为主的讨论交流　　B. 在老师指导下的自主学习

C. 自学前提下的专题讨论　　D. 老师指导下去图书馆阅读

9. 你在语文课堂上常处于什么状态？（ ）

A. 以听老师讲课为主　　　　B. 常处于思考感受中

C. 与老师同学产生思维碰撞　D. 积极参与活动

E. 经常走神　　　　　　　　F. 睡觉

10. 在课堂上，你希望老师怎样评价你的发言？（ ）

A. 答对了表扬　　　　　　　B. 答错了批评

C. 答错了指出错在哪儿　　　D._____

11. 你喜欢什么样的课堂氛围？（　　　）

A. 课堂气氛活跃　　　　　　　　B. 课堂气氛安静

C. 课堂不受约束　　　　　　　　D.＿＿＿＿＿＿

12. 在课堂上，对与老师合作，你（　　　）

A.积极配合　　　　　　　　　　B.不太积极配合

C.不敢配合　　　　　　　　　　D.＿＿＿＿＿＿

13. 你心目中最喜欢的语文课堂教学是什么样子的？

＿＿＿＿＿＿＿＿＿＿＿＿＿＿＿＿＿＿＿＿＿＿＿＿

＿＿＿＿＿＿＿＿＿＿＿＿＿＿＿＿＿＿＿＿＿＿＿＿

＿＿＿＿＿＿＿＿＿＿＿＿＿＿＿＿＿＿＿＿＿＿＿＿

二、相关问题的调查数据

（一）教师卷

1. 各年龄段教师人数如下表：

23—28岁	29—34岁	35—40岁	41—46岁	47岁以上
1	2	5	3	2

各个年龄段的教师数量较为均衡，能全面反馈课堂教学中的状况。

2. 关于初中语文课堂教学中提高教学有效性的途径有哪些的问题：有70%的教师认为应该优化语文课堂的教学思路和使用多种教学手段；有53%的教师认为同时要优化教学目标、提升教师的个人素养。

3. 影响语文课堂教学有效性的最主要因素：70%的教师认为是教学方法的有效性；46%的教师认为是教师行为的有效性；38%的教师认为是教师教学目的和教学内容的有效性；7%的教师认为是教学评价和教学反思的有效性。

4. 平时常常使用的教学策略：92%的教师主张联系生活，创设情境；38%的教师还认为应多开展活动，鼓励探究的同时，还要配合教师的精彩讲解。

5. 引导学生开展自主学习活动：92%的教师会向学生提出具体的学习要求，在学生学习有障碍时给予指导；46%的教师采取随时巡视和随时指导。

6. 在语文教学中，常利用的教学资源：84%的教师常运用的是课本资源和媒体资源，只有30%的教师会利用自创资源，23%的教师常利用现成资源。

7. 关于语文作业的设计：84%的教师会针对不同程度的学生分层次布置作业。30%的教师以课本上的习题为主，15%的教师以教辅资料上的习题为主。

8. 评价一节好的语文课：77%的教师认为学生学会了方法、形成良好的习惯就可视为一节好的语文课；38%的教师认为学生喜欢语文课就是一节好的语文课。

（二）学生卷

问题的创设目的在于了解学生对课堂教学的想法，针对教师平时采取的一些教学策略进行反馈。

1. 喜欢上语文课的主要原因：35%的学生是因为教师的课上得好，30%的学生是因为对语文这门课感兴趣，15%的学生是因为喜欢教这门课的教师。

2. 教师课上得好：51%的学生认为好在教师的教法灵活，25%的学生认为好在教师和蔼可亲，16%的学生认为好在教师学识渊博。

3. 教师设计的课堂情境：50%的学生认为较有吸引力，21%的学生认为没有吸引力，31%的学生觉得教师很少设计或从不设计课堂情境。

4. 在课堂上面对教师的提问时：52%的学生会积极思考但不愿发言；30%的学生会积极思考，主动发言；14%的学生从不举手发言。

5. 上课时，教师设计的各种知识点的内容讲解，是否注意培养了学生的思维能力、语言表达能力和合作探究能力：10%的学生认为教师没注意，9%的学生认为教师时而注意，44%的学生认为教师有注意，15%的学生认为教师会特别注意。

6. 上课时，教师是否注意传授一些学习方法和学习窍门：6%的学生认为教师没注意，24%的学生认为教师时而注意，42%的学生认为教师会注意，24%的学生认为教师会特别注意。

7. 语文课堂教学中学生的活动方式：20%的学生最喜欢以学生为主的讨论交流，35%的学生最喜欢在教师指导下的自主学习，8%的学生最喜欢自学前提下的专题讨论，28%的学生最喜欢在教师的指导下去图书馆阅读。

8. 上课时的状态：42%的学生以听教师讲解为主，33%的学生常处于思考感受中，16%的学生能积极参与活动，13%的学生经常走神或睡觉。

9. 喜欢什么样的课堂氛围：76%的学生喜欢气氛活跃的课堂，11%的学生喜欢气氛安静的课堂，8%的学生喜欢课堂气氛不受约束。

10. 课堂上配不配合教师：59%的学生在课堂上会积极配合教师，25%的学生不太积极配合，11%的学生不敢配合。

三、对初中语文有效课堂教学策略的调查分析与思考

1. 长期以来的应试教育使教师习惯于某种固定的教学模式，形成一种保守心态。在语文的阅读教学中，部分教师缺乏自主创新能力，对新资源和新的教学手段缺乏关注和学习，一届又一届积累下来的教学资源成为一种阅读模式，经验式和习得式的传授，造成了学生的惰性和单向性思考。课堂缺乏活力，缺乏生成性的问题解决。在教学过程中，教师的碎片化提问多，学生对文本的理解和领悟被填空式的问答题取代，出现了一种高耗低效、简单机械学习的现象。

2. 学生的被动接受导致的一个结果是学生厌恶语文阅读学习或无积极学习意识，仅仅把阅读依托于平时的语文课堂中，阅读的内容仅仅是教材中的有限文本，为学习而阅读。课外根本不拓展阅读，阅读量极其少，生活的半径又极其有限，直接导致学生的写作水平极低。

3. 学生的层次不一致，课堂上教师兼顾不足。往往为了赶进度，教师的有效关注度极为有限，一个问题的抛出，只要有少数的学生给予回应就会迅速转入下一个问题，作业的设置缺乏针对性，学生能记住的仅是课堂中的笔记，一遇到课内没讲到的问题就束手无策。

4. 随着素质教育和知识经济时代的到来，阅读的地位越来越重要，迫切需要加强阅读教学，教师需要进行多方位、多角度的尝试与思考，切实提高语文阅读教学的有效性。

5. 学生的积极性和有效注意力很有限，读图的自媒体时代严重干扰了学生独立搜集信息、整理信息的注意力，被动式的接受导致了学生的知识面极其狭

窄，亟须拓展且需要教师帮助学生加强课文阅读，立足于课堂，着眼于课外。

6. 学生很期望课堂是一种开放、合作、探究的模式，对气氛活跃的课堂有较高的期待，关注课堂情境，期望能在教师的有效引导下展开自主的学习。

四、今后语文阅读教学策略的几点启示

如何激发学生主动学习的动机，如何引导学生参与教学过程，明白自己要学习的目标和程度，如何选择学生易于接受的技巧性教学方式就是我们所要思考的问题。

1. 从教学目标入手。每节课都需要明确课堂的教学要点、教学过程。教学目标的设置不能脱离教学内容和教学手段，即需要明确学生现在达到什么样的学习效果和即将达到什么样的学习效果以及将来达到什么样的学习效果。让课堂的三维目标能切实有效地贯彻和执行。

2. 从教学内容入手。有效的课堂，讲究的是教什么内容、为什么这样教、怎么教，并且要根据学生的实际接受水平和理解需要来确定。在教学实践中，可以根据语文学科的特点，侧重于现代文（散文、小说、说明文、议论文）教学设计、文言文教学设计、诗歌鉴赏（古诗、现代诗）教学设计、文化经典阅读（名著）教学设计等，合理选择并进行教学设计。

3. 从课堂的组织形式入手。传统的课堂教学中学生仅是教学过程的接受者，基于时代的特点，学生接受的信息多而杂，有更多自己的想法。让学生能积极参与课堂，除了采用各种教学方法，创新课堂情境，还可以让学生参与教学设计，设置学生感兴趣的话题，强化问题的生成性，强化学生自主阅读的体验。

4. 从关注学生的阅读层次入手。阅读过程从本质上是一种思维过程，展现的是阅读者的分析与综合能力。因此在教学中，应根据学生的年龄、心理特征及认识规律，由浅入深，由易到难，由简到繁，有目的、有计划、有步骤地展开教学，引导学生学习。

5. 从培养阅读习惯入手。积极拓展知识面，培养学生的阅读习惯。借助各种教学活动，以及班级图书角、晨读课间等形式引导学生参与阅读活动。

第二章

初中语文阅读教学策略探索

部编教材初中语文有效课堂教学策略探究

　　《义务教育语文课程标准（2022年版）》明确指出，"语文课程致力于学生核心素养的形成与发展"。有效课堂教学的概念主要是针对普遍低效的教学现状提出来的。有效课堂教学主要是指通过课堂教学使学生获得发展，发展就其内涵而言，指的是知识与技能，过程与方法，情感、态度与价值观三者（三维目标）的协调发展。本文拟从背景和现状的思考、策略和方法探究等两个方面对初中语文有效课堂教学进行积极探寻，以期对新形势下的一线教学有更多的启发和思考。

一、背景和现状的思考

（一）部编教材全面投入使用的新背景

　　从2017年秋季开始，由教育部组织编写的义务教育语文教材开始在全国投入使用，引起了语文教师的广泛关注。部编教材注重落实立德树人的根本任务，充分发挥语文学科育人方面的优势，按照"整体规划、有机融合、自然渗透"的基本思路，采用集中编排和分散渗透相结合的方式，以教材选文为主要载体，辅以精心设计的语文实践活动，使学生在学习过程中潜移默化地受到熏陶感染，更好地实现课程标准要求的工具性与人文性的有机统一。部编教材注重课程标准提出的"语文素养"的理念，力求站在更新的高度以更开阔的视野审视当前的语文教育。体现在教材中，既包括听说读写的基本能力，也包括整体的素质要求，还有对学生未来必备品格与核心能力的要求。新教材注重构建教读—自读—课外阅读"三位一体"的阅读教学体系，注意在语文课与学生语文生活之间建立一条通道，积极拓展课外阅读，努力引导学生参与社会实践，让学生在实践中学习语文、运用语文，获得实际生活需要的语文能力。

在这一新背景下，如何了解部编教材，用好部编教材，更好地落实教材的编写理念，如何适应部编教材的变化相应地作出一系列教学上的调整，成为当前甚至相当长一段时间内，广大语文教育工作者需要面对的重要课题。

（二）普遍存在的低效现状期待有效的课堂教学

新课改以来，教师教学理念发生了很大变化，语文课堂也呈现出比较良好的态势，学生的学习主动性较以前积极了不少。但在具体实施的过程中，有些教师对课程理念的理解出现了一些偏差，使得教学中出现了高耗低效的现象。笔者在听课研讨过程中，总是会看到一些问题。比如，教师的角色受传统观念影响，并没有实现角色转换，一堂课从头至尾讲得太多、包办太多，看不到学生的自主学习；教学目标的设置不当，没有重难点；教学过程随意发挥，一节课45分钟内有效时段严重不足；对文本的解读浮光掠影，有些理解甚至不准确；不能有效运用部编教材的助读系统进行有效教学，抓不住教学的基本点；课堂多媒体泛滥，信息量过大，看似内容丰富，实则收效甚微；课堂缺少及时积极的反馈和评价，学生的学习兴趣受到很大影响；问题设置简单随意，没有层次，不具探究性。如此种种，其教学成效可想而知。因此，如何提高课堂教学的成效，促进学生语文基本技能、创新精神以及探究能力的整体提高，培养学生的语文素养，成为我们每一位教师必须思考的问题。

二、打造语文有效课堂的策略和方法探究

在同一个班级里，不同的学生在学习习惯、行为方式、思维品质和兴趣爱好等方面存在差异，在学习需求和能力发展上的表现也不尽一致。这就要求我们要面向全体，关注不同层次学生的需求，以有效的教学方法和教学策略促进课堂教学与学生的共同成长。

（一）教学目标的确定为有效课堂提供明确的方向

教学目标的设置是教学的方向，它的达成与否是检验一堂课是否有效的重要依据。首先，教师应先预设每堂课的教学目标。部编教材在每单元中都给出了明确的单元学习目标。在此大前提下，教师在教学时要依据单元特点、具体的文本、学生的学情和课时安排等来确定教学目标，并根据班级具体的学情有所侧重。其次，教师在教学过程中，应依据课堂的动态生成等变化情况，及时调整课前预设的教学目标。最后，教师在课后要积极主动对目标的完成情况做进一步深入的思考和评估，以期评价每堂课教学的成效。

（二）和谐开放的教学环境为有效课堂的创设提供良好的基础

和谐开放的教学环境，能让学生在相对轻松的氛围中进行学习，使学生的学习质量进一步提高。在课堂中教师要通过积极引导，发挥学生学习的主动性和积极性。学生是课堂学习的主体，教师是学生学习的指导者，课堂中教师应正确定位自己的角色，并努力促进学生正视自身的课堂学习主体地位和作用。教师要注重创建充满关爱和尊重的学习环境，创设民主、平等、自由、和谐的课堂氛围，建构与现实生活相联系的真实问题情境，创设学生能够自我调节型的学习环境。只有这样，才能提高学生学习的成效。

（三）教与学策略的相辅相成为有效课堂提供有力可行的保障

教与学的策略，主要包括教师教学的方法和学生学习的方法。比如，针对语文课堂的阅读教学，可以尝试"提问式教学法"与"读书领悟式教学法"的综合运用，依据教材不同单元不同文本的特点来选择适宜的教学方法。具体而言，提问式教学法重视教师深入文本阅读，关注在教学设计上对问题的预设，

注重在教师的引导下启发学生的思维，以使学生理解文本内容和信息。提问式教学法适合比较理性的文章，以及实用类文本的阅读，如部编教材八年级下册《大自然的语言》《应有格物致知精神》。读书领悟式教学法注重学生阅读的理解和感悟，比较适合感性的文本，注重精彩语段或词语的品味和情感的理解，比如文学类作品的阅读，包括散文、小说、诗歌、名著阅读等，如部编教材七年级上册的《春》《从百草园到三味书屋》等课文就适合运用此方法进行阅读。同时，充分运用激励法，运用教学评价功能，以鼓励为主，不伤害学生的自尊，发挥评价的激励作用，为学生的持续发展创造良好的环境。

有效课堂注重学生多种学习方法的指导。比如，要重视教会学生做好学习计划，引导学生对时间进行有效的计划和管理，提升对时间的利用效率。注重教会学生在课堂上做好笔记的技能，哪些该重点记，哪些不用记，哪些要用不同的符号记，包括在文本上圈点批注的方法，以帮助学生对知识进行整合和记忆，等等。要重视学生思维品质的养成，使学生养成善于动脑思考的好习惯，培养学生综合探究的精神。重视引导学生进行学习的自我反馈和自我评价，使学生养成主动管理自我学习的能力和良好习惯。教法与学法相辅相成的交融运用，能为有效课堂提供有力可行的坚实保障。

研究教学内容的有效选择
挖掘文本最佳的教学价值

新课程改革已经进行了十多年，语文教育的方式和方法发生了很大的变化，这是有目共睹的事实；但语文课程至今没有清晰地界定学科的教学内容，这也是一个不争的事实。近年来，王荣生教授和李海林教授及其团队等有关语文教学内容的讨论，得到学界越来越多的人的响应，也受到一线教师越来越多的关注。当前对于语文教学内容的讨论正逐渐深化，越来越集中到每篇课文教学内容的确定上。

确定语文教学内容的问题，成为目前语文教学关注和研究的热点问题。目前就语文教学内容确定的研究主要包括以下几个方面：如何开发"语文课程内容体系"？如何将"语文课程内容体系"转化成"语文教材内容体系"？如何依据"语文教材内容体系"来设计"教学内容体系"？如何结合自己学生的具体情况，确定每一篇课文的教学内容？此外，发表于各大语文教学杂志上的论文还讨论了大量的文本篇目教学内容的选择问题。

李海林教授认为，一篇课文存在许多教学价值点，在进行教学设计时，我们不可能涉及一篇课文中所有含有教学价值的信息，甚至对许多重要的价值，也只能有所选择、有所取舍，这就要求语文教师从文本中正确选择、恰当定位教学内容。要关注文本的核心价值，更要抓住"语文核心价值"。重点挖掘课文中隐含的语文学习价值，重点训练学生对语言的感受能力和表达能力，重点完成语文课应该完成的教学目标，而适当弱化文本中可能隐含的其他教育价值，把"语文课"上成真正的"语言的文化课"。

王荣生教授认为，"教学内容"是任何一门教育类学科都必须回答的基本问题，"语文"当然也不例外。当中国近现代语文教育走过百年的历程，蓦然回首，竟然发现我们对语文学科的"教学内容"迄今为止还没有一个科学而清晰的界定。针对一篇课文设计好"教什么"，是所有中学语文教师的难题，也是开展有效教学的前提之一。数学、物理、化学等学科的教学内容，直接由教材呈现给教师和学生，几乎每堂课都有明确、具体、独立的知识和能力定位，教师备课时基本上不用考虑"教什么"，而只需考虑怎么教就行了，而语文课就不是这样的。我们教和学的一篇篇课文，不仅是语文教学的载体，也包含作者的思想倾向、审美情趣，反映着一定时代的社会生活、文化风尚，还具有语言表达的示范意义等多种信息，是语文学习的好材料。且其教学价值常常隐藏在语文课文中，于是，每篇课文"核心教学价值、教学目标是什么"在语文教学中还是一个亟待解决的问题，而且是一个必须解决的问题。一线语文教师需要对一篇篇课文进行二次加工，以确定在这篇课文中，什么是最有价值的教学点，通过科学地设计和教学，使课文的价值真正得以发挥并产生增值，最终达成相应的教学目的。

经过专家学者和广大一线教师的不懈努力，"语文教学内容"终于成为语文教学研究的一个重要方面。语文教学问题的关键是内容问题，它也是语文教学改革的突破口，这是许多语文教育从业者的共识。截至目前，经过研究者的爬梳整理、构细显微，语文教学的一些基本事实已逐步清晰：第一，语文教学内容分为课程内容、教材内容和教学内容。第二，语文课既要关注课文的原生价值，更要关注课文的教学价值。第三，不同类型的选文，其教学内容开发的重点、角度和呈现形式都是不一样的。王荣生、李海林等的课程论思想，确立了语文教学内容所确定的原则和途径。但是对于某一类文体的具体教学以及具体文本的价值确定的研究，目前尚不多见。

通过课题研究，我们针对不同文体，力图对教材中的一些文本进行创新解读和重新解读，并进行知识和教学内容的梳理，让教师找到适合自己，更适合不同层次学生学习的教学内容，使教学内容形成科学有效的序列，形成整体，从而快速有效地提高学生的语文能力。通过研究，我们更加坚信，要使课堂教学有效，必须选择最有效的教学内容，突出其中主要的、实质性的东西，使课堂教学内容最优化。

教学内容的选择是有基本要求的，教学内容必须正确。在挖掘教材的教学内容时，可能很少有人会怀疑自己确立的内容正确与否。我们常说语文教学内容涵盖知识能力和人文价值两方面。设定怎样的教学目标，完成什么教学内容，直接关系学生学什么、能学会什么。教学内容是否正确的标志是学生能否有效地获取相应的知识和经验。比如，我们倡导个性解读，但如果在教《愚公移山》一文时，教师以"移山不如搬家，移山破坏生态环境，真正聪明的人应学会变通"的观念立论，全然不顾《愚公移山》这则寓言所蕴含的哲理，势必造成对经典的误读。如果说这篇文章真的没有意义和价值，又怎会一直将其收录在教材中？要知道收入教材的文章无论是工具性还是人文性都堪称典范，更何况这篇文章还获得了不少奖。将它全盘否定，看似标新立异，实际是在向学生传递错误和无效的内容。因此教学内容选择的第一个层面，就是保证所教内容正确有效。

教学内容应该合宜。合宜乃"合适，恰当"之意。每一篇文章涉及的内容可能很多，我们不可能也完全没有必要做到面面俱到，而是要根据不同的目标、素材、学情确定不同的教学重点。教学《走一步，再走一步》时，有教师将教学内容放在课文主旨的研讨上，设计了几个讨论题，如"从课文内容看，标题'走一步，再走一步'是什么意思？""'我'是怎样走出困境的？""故事蕴含了什么生活哲理，给你怎样的启示？"几个问题的设计并没有问题，但教师将主要时间、精力用在最后一个问题上，对文中"我的恐惧""父亲如何鼓励我"没有从文本的角度认真分析解读，只是在结论的基础上大谈感受，语文课上成了班会课，确立的教学内容就显得不合宜了。

教学内容力求精准。"精准"是对教学内容选择的更高层面的要求。有经验的教师能在纷繁复杂的教材中高屋建瓴、由浅入深，梳理出文章主旨和教学内容。"牵一发"而"动全身"，既准确又巧妙。

选择正确、合宜、精准的教学内容是课堂教学有效的基础。一节语文课，如果在教学内容的选择上出问题，其课堂的有效价值也是极为有限的。但根据课程目标、教材要求、文体类型、文本价值及学生现状确立最优的教学价值，实现教学内容的合理选择及有效落实，也并非一件易事。比如，在实践中以相关学年段教学目标为内容选择的依据，这个策略值得借鉴，《义务教育语文课程标准（2011年版）》中的总目标、阶段目标指引并蕴含着课程与教学内容。但语文课程标准中的目标，属于'能力目标"或"素养目标"，它与"内容目标"有很大的差异。内容目标一般较为具体、直接涵盖着课程与教学内容，可操作性强，而"能力目标"描述的则是学生的学习行为结果状态。目标只是一个笼统的要求，它毕竟不是教学的内容，但在认真研究"课标"的基础上，可以根据不同学段的目标要求，思考各学段分别要侧重教些什么，学生要学些什么，练习些什么，以此为依据，在每一篇课文的具体教授中，不断地寻找适合的教学内容。

杨绛的《老王》收录在部编版语文七年级下册中。不同学段肯定有不同的教学要求，如果说初中教这一课，教学内容应在"理解主要内容，学习文章中肖像描写的手法，体察老王和'我'的人物形象及人性闪光点，形成正确的人生观价值观"上，那么对于相对成熟的高中生而言，就不能停留在浅层的理解上，而应该将教学内容放在深入挖掘文本的核心价值："老王身上是怎样体现人性的光辉的""我为何感到愧怍"。从而引领学生体会"平凡人守护着社会良知"的主题。

教学内容的确定应具有相对性和灵活性，我们只有将教学目标、文本价值、编者意图、学生情况等有机结合起来，才能挖掘出最有价值、最具效益的教学内容。

无论是何种文体，都应以误标的阶段目标定位为标准，在此标准之下，因人而异，因文而异，去选择合宜的教学内容，才能真正落实课标对初中阶段教学内容选择的要求。说到底，语文不仅是教师个人的语文，更是课程的语文。

游记散文有效性教学的思考

《辞海》中对"游记"的解释是，游记是"文学体裁之一，散文的一种，以轻快的笔调、生动的描写，记述旅途中的见闻，某地的政治生活、社会生活、风土人情和山川景物、名胜古迹等，并表达作者的思想感情。"因此，游记散文的阅读很大程度上需要有广博的见闻、深厚的历史文化及地理等方面知识的积累，而学生在这一点上是有所欠缺的。故而，学生在游记散文阅读上存在的问题就十分明显，那就是被文章"架空"，只能对文章进行方块式阅读和割裂式体验。游记散文的阅读教学应该在帮助学生增加知识积累的基础上，关注学生的情感体悟，注重对学生的精神世界进行提升。这才是真正有价值的高效课堂，真正体现有"语文味"的有效性教学。

一、游记散文的教学重点

王荣生教授指出："阅读能力实际上很具体，是和阅读对象——文章体式相关的。"在进行阅读教学之前，先得明确文章体式的特点。游记散文内容广泛、写法自由、风格多彩。但究其本质，游记散文的阅读就在于通过文字了解作者的游览见闻，通过描摹山水的文字，发掘山水文化所蕴含的文化内涵，让学生通过文字解读所创设的想象遨游世界，品味出作者的绵绵情思，领略中华山水文化的博大精深，实现生命与生命的对话，以文字阅读体验进行审美意识的培养。

谭家健老师认为，"所谓山水游记，应具有以下特征：①以模山范水的再现型描写为基本内容。②有具体的游踪记录或较明显的游览意图。③包含作者的主观感觉与体验"。所以，依照这一思路来设计教学，就能比较好地突出重点。2018年部编版教材八年级下册第五单元在教学参考的单元目标中将要求重点落在了"揣摩品味课文的语言""理解作者对景、事的感悟与思考"上。因此，笔者认为，在游记散文的教学设计中，教师应注重语文教学的综合性和实践性，引导学生通过语言的变化厘清文章的思路，重视文字如何呈现出自然之美，培养学生关注自然美的意识并增强学生欣赏自然美的能力。并且还要通过对语言的品析，挖掘游记深厚的文化内涵，包括挖掘作者关于社会、历史、生命、哲学等范畴的思考。发现学生思维的闪光点，尽可能让学生的思维与体验相结合，达到文本与人本的合一。因为只有建立在深入体验基础上的阅读才是有效的阅读，而不是为了应试而运行的低效阅读。让学生通过阅读去体验，这是最高效也是最有意义的阅读。

二、模式化教学的不足

在传统的语文文本教学中，模式化的痕迹明显。介绍作家作品及背景、划分段落、概括大意、归纳中心、逐一讲解，等等。一步步执行下来，学生确实能够熟记教师所要传达的知识点，但是却容易使语文课堂失去"语文味"。德国教育家第斯多惠说："教学艺术的本质不在于传授，而在于激励、唤醒和鼓舞。"语文的学习，就像用砖块垒大厦，没办法一蹴而就。更重要的是，每个人心中都有自己的设计图，而每个学生在课堂上要学到的也不仅是堆砌，还需要有艺术想象的发挥，真正实现思维的自主。所以，语文教学过程中的有效性便是能够激励学生的自主思考，建成有自我特色的摩天大楼。在游记散文的教学过程中，如果依靠传统的教学模式，没有把自我探究的鉴赏能力培养权还给学生，无疑是不行的，这样容易造成教学内容和过程存在硬伤的情况。

（一）割裂式阅读

如果阅读游记散文也只是简单地厘清游踪、归纳景物特点、对文章主题进行概括、找一些句子分析修辞，那么，这样一堂游记散文的教学课无疑是乏味的。因为，学生不一定到过作者所去过的地方。既然没有见过作家所描摹的景致，那么要求学生做到理解作家的情感，就是强人所难的。柳宗元说"美不自美，因人而彰"。作家用脚步丈量山水，用文字记录山水之美。他们将情感融入山水，为山水赋予了情感脉络，使山水有了美学意蕴。因此，优秀的游记散文不仅有精巧的构思、多样的笔法，还有雕琢的语句，以及作家的情感凝于其中。如果只是机械地划块教学，虽然能让学生快速地理解一篇文章的阅读解析步骤，却也容易形成脱离文本内核的空洞教学，而造成情感体验的割裂。

（二）重"自然相"轻"社会相"

在部编版八年级语文下册第五单元的"编写意图"中，编者们提到一点，即简单地把游记理解为"按照游踪描写景物"，而忽略了当代游记作品中的"社会相"，那就矮化了这一文体。确实，游记散文是人与自然审美的联系，它不仅记录了江河湖海和名胜古迹，还有作者体悟到的人生情趣，以及历史、科学、民俗、哲学等"社会相"的广博内涵。因此，如若按照传统教学模式开展教学，学生便只能停留在表层的机械理解，而教师若进行"填灌式"的补充，就无法营造出情感氛围，使得语文的美无法到达学生内心。这样的教学是低效的，新课标的开放而富有创新活力的特点便得不到淋漓尽致的体现。

三、游记散文教学的有效性策略尝试

教学目标应该通过让课堂变成生成式的课堂来实现。教师应从文本解读和学生的具体学情研究出发，为学生在课堂上可能出现的思维触角做相应准备。学生积极参与文字品读，主动分享阅读的第一手体验，并且对文本进行自我剖析式的情感交流。这样师生、生生之间多了很多不确定性，弹性空间更开阔，交流、碰撞、升华的面积更宽广，从而实现体验式的游记散文教学，即不仅解读文本，也解读文化，提升审美意识。把单向的变多向的、互向的，让课堂不再是程序化的存在，不再是精密的仪器运作。笔者在此以对阿来的《一滴水经过丽江》的教学为例，谈谈对游记散文的有效性教学的一点尝试。

在第一次的教学设计中，笔者按照传统的思路进行设计。用关于丽江的资料导入，如玉龙雪山、四方街、丽江古城等的图片。接下来常规地介绍作家作品，检查预习状况。在文本解读方面，设计了"找寻小水滴"来厘清游踪；"说一说小水滴"来分析文章的段落精彩之处；"议一议小水滴"来分析这一独特切入角度的作用；尔后进行文章主旨的概括，并在最后加了公开课课堂中常见的拓展延伸写作训练，让学生以物的叙述角度来描写自己游历过的印象深刻的地方。在试教过程中，笔者发现一些问题：①导入的部分图片让学生有了先入为主的印象，绚丽的图片比文字更有冲击力，由此后面的文字品读思维便受到局限。②传统设计确实在厘清游踪方面能够让学生一下子把文章的骨架拎起来，但也把作者游览的点和点上的美景割裂开了，使得游记散文阅读变成了割裂式体验，这样后面的文字赏读便失去依存的根本。③因为把地点的转换跟地点的景物割裂分析了，对语言的品析又没有在景的分析之后马上进行，情感体会便很大程度上缺少多样性，维度不够，深度更是不够。④线性的教学设计虽然让学生掌握了考点，但使游记散文的魅力大打折扣，学生难得精髓，后面的拓展延伸便成了为课堂表演而进行的低效教学，学生作文也难出精品。

基于以上几点反思，笔者重新分析了文本，选择了以关于"一滴水"的文字品读为核心，游踪、游景、游感多线同时进行的尝试，得到了有效的成果。

第一，文字赏读交流。让学生在第一遍阅读时，在没有欣赏图片前，先把关于"水"的优美字句找出来，参与交流自己对精彩语句的画面想象和阅读体会。学生阅读的过程，其实就是审美的过程。学生对文本的初步感受，即是学生阅读时的直观体验。选择文句进行赏析，则是为了逐步培养学生的鉴赏能力。文章中如"我们沉默了那么久，终于可以敞开喉咙大声喧哗""曲折的水道，安静的深潭""看到了依山而起的重重房屋，看到了顺水而去的蜿蜒老街""挂着水一样碧绿的翡翠的玉器店"等字句都被学生加以品读，并且触及了游踪的整理、游景的特点，甚至有了对作者创作情感的揣摩。语文本就是以文字赏读为主的学科，过多地强调线性的条理，反而背离了语文教学的根本。

第二，体验延伸建构。游记散文之所以迷人，就在于优美文字背后还蕴含着作者浩瀚的精神世界。因此，情感的体悟是教学中较难实质化的。毕竟学生正值青葱少年，而作者则是久经人事后的沧桑成人。浅薄与深沉如何交融是一个难点。因此在游记散文的阅读教学中，如果能够更好地结合学生的游览经历，鼓励学生对文本内容进行自我阐释，引导学生走近文本、体验文本、感受文本，那么学生的情感体验就会更加深刻。因此，笔者在文字品读的基础上，让学生再次阅读，寻找作为"一滴水"的情感，并使学生结合自己游览自然时的心灵体会来对文句进行解读。学生的表现十分精彩。他们从"奔流到了丽江坝上放牧着牛羊的草甸上"的"奔流"读出了向往；从"在这里，我有些犹豫"的"犹豫"读出了热爱；从"依山而起""顺水而去"读出了宁静；从"水流漫溢，洗净了街道"读出了诗意；更从"在这里，尽情欢歌处，夜凉如水，他们的心像一滴水一样晶莹"读出了心灵的安谧与沉静、读出了睿智的哲思。在这一过程中，笔者适时地补充资料，包括关于丽江的风景图片、民俗展演、作家作品、相关音乐和文字，等等。学生在感受自然之美的同时，也完成了人文审美。正如文章中的句子，"在宽广的丽江坝中流淌，穿越大地时，头顶上是满天星光"。

《一滴水经过丽江》在介绍景物时是跳跃的、流动的、凝练的，各种知识融合，情思的表达方式多样，这就给了学生更多的想象空间，以文字品读和体验延伸作为教学的核心，既让知识性、文学性和情感氛围融合在了一起，也激发了课堂更多的可能性。一堂成功的语文课，一篇游记散文的教学，应该是教师和学生一起发现美、体验美、收获美的过程，让学生在"穿越大地"的同时收获"满天星光"，这样才是有效的课堂。

初中语文分层次阅读教学模式探讨

一、初中语文分层次阅读教学的理念

语文新课程标准要求通过面向全体学生的语文课程教学达到全面提高学生核心素养的目标，要求学生具有独立阅读的能力，能够初步鉴赏文学作品，深入领会文章中运用的表现手法以及文章所表达的情感。阅读能力是核心素养的重要组成部分，也是进行其他学科学习的重要基础能力之一，而语文课程教学则是学生阅读能力提高的重要途径，因此，如何通过采用合适的教学模式来更好地达到提高学生阅读能力的目标，值得引起所有语文教师的注意。

一直以来，阅读教学就是语文教学中大家所关注的焦点之一，至于采取何种阅读教学模式也是教学工作者思考和研究的热点之一。在教学的过程中，我们能够发现由于基础教育、个人学习能力以及生活经历的差异，不同学生的现有知识水平是存在显著差异的。除此之外，不同的学生具有不同的学习特点和倾向，这也导致不同的学生对于语文教学的需求是不一样的。为了提升不同层次学生的学习效果，教师要有针对性地进行教学，让所有的学生的阅读能力都能够在自己的基础上得到进一步提升，从而更好地开展各个科目的学习，提高自己的综合素质水平，这也是初中语文开展分层次阅读教学模式的根本目的所在。

二、初中语文阅读教学的现状以及存在的问题

如果我们仔细观察当前的初中语文教学，就能够发现在实际的教学过程

中，仍然有大量的语文教师采用讲授式的传统教学方式。虽然新课程改革的提出使得一部分语文教师开始思考自己的教学模式，教育界也一直强调语文教师要转变传统的教学模式，但成效依然不够显著，许多教师还是习惯性地根据以往的教学方式来开展阅读教学活动。

同时，大部分语文教师并没有真正意识到对学生进行分层教学的重要意义，有的语文教师甚至对自己的学生缺乏系统性的、清晰的认知，不能够对学生进行层次划分。因此，这些语文教师的教学过程通常以完成教学任务为导向，忽视了学生自身的差异性，导致有的学生不能够得到能力提升，而有的学生则云里雾里，不能够真正掌握教师的教授内容。种种现象都在表明：初中语文阅读教学在呼唤一种更加科学、更加合理、更加适宜学生的教学模式。

三、初中语文分层次阅读教学模式探讨

分层次阅读教学模式能够使不同层次的学生得到相应层次的教学，使得教学方式更加适合学生的学习需求，是提高学生语文阅读能力的重要方式。

（一）学生的层次划分

不同的学生，其阅读能力、学习能力、阅读方式以及学习状态等方面都是存在差异的，这也就导致学生对于新知识、新技能的接受能力存在差异。首先我们可以根据同质分组的理论来对学生进行初步的分组，其次结合学生阅读成绩、学习能力以及学习状态等因素对学生进行进一步分组，最终使得水平相对接近的学生在同一组，然后针对不同小组采用相应的不同方法进行教学，缩短班内学生之间的差距，提高教学质量。比如，依据以上方式我们可以将班级学生分为A、B、C三层，分别代表优秀、良好和一般三个层次，至于每个层次的学生人数则依据班级的实际情况确定。

（二）阅读教学的层次划分

A层次学生的学习综合能力较强，针对这一部分学生，可以采用"自学+小组讨论+练习+教师答疑"的方式进行教学。在学生自学的过程中提高学生的阅读能力，然后将遇到的问题与同层次的学生进行讨论，若还不能够解决问

题时，再向教师请教。这种方式在实践中提高了学生的自主阅读能力，同时发散了学生的语文阅读思维，深化了学生对于文本的理解。针对B层次的学生则采用"自学+教师讲解+练习+小组讨论+教师答疑"的教学模式，与A层次相比，主要增加了教师讲解的远程，也是希望B层次的学生对于文本能够进一步地加深理解，加深对于文本内涵的理解深度。而C层次的学生由于对语文阅读学习的兴趣较弱，需要教师进行一定的引导，以激发学生的阅读兴趣，因此采用"教师引导+自主阅读+教师讲解+练习+教师答疑"的教学模式。比如，在进行朱自清《春》一文的学习过程中，可以让C层次的学生去收集作者的信息，而B层次的学生则需要去体会文章中文句的意义，并能够进行仿写，让A层次的学生除进行上述学生活动之外，还需要注意体会文章背后所蕴含的作者的情感。

（三）阅读教学内容的层次划分

初中语文教材的内容分布方式不一定能够适用于所有的学生，因此，教师可以根据学生的具体情况，对教学的内容进行一定程度的调整，使得教学难度由浅入深，更加切合学生的学习进度。比如，教师可以将八年级上半学期语文课本中所有的说明文安排到一起集中进行教学，那么学生就能够在一段相对较长的时间内对说明文进行深入的学习，提高学生对于说明文的阅读能力和阅读速度，在以后遇到说明文时就能够简单高效地阅读全文。同时还可以将语文课本中的古诗词集中进行教学，量变引起质变，提升学生的古诗词鉴赏能力。

（四）教学时间的层次划分

在学生层次划分的基础上，对于不同层次学生设置不同的教学时间，充分发挥学生的自我学习能力来提高学生的阅读能力，从而提高语文阅读教学的质量和水平。比如，对于A层次的学生可以适当增加学生自主学习的时间，C层次的学生则适当增加教师讲解的时间，通过设置不同的教学时间使得所有的学生都能够发挥时间的最大效用，提高教学的效率。

四、结束语

综上所述，分层次阅读教学能够根据学生的差异有针对性地实施教学，通过分层次阅读教学，不仅能够让每一位学生获得语文阅读能力的提高，还能够减轻教师的教学压力，对于学生和教师来说都是一种比较实用的教学模式。

学生语言表达能力的培养现状及对策

语言表达能力是指灵活运用口头语言及书面语言的能力，要求表述准确、得体连贯、语义清晰。这听起来似乎很简单，很多学生觉得自己语言表达能力不错，会说话。狭义上的"会说话"只是能说出话，这远远不够，提高学生的语言表达能力是力求让学生做到能言善道。《义务教育语文课程标准（2011年版）》指出："语文教师应高度重视课程资源的开发和利用，创造性地开展各类活动，增强学生在各种场合学语文、用语文的意识。通过多种途径提高学生的语文素养。"学生的语言表达能力是学生学习语文、提高学生语文素养的重要组成部分，语文教师应创造多种条件培养学生的语言表达能力。学生有良好的语言表达能力，不仅有利于语文课堂的学习，还有利于学生在学校、家庭和社会中的沟通和成长，为学生踏入社会打下坚实的基础。

一、学生语言表达能力的培养现状及问题

第一，教师是课堂的主角，"讲授"为主，学生被动地接受，缺少主动地"说"。

大部分学校一节课的时间为45分钟，在这么短的时间里，教师为了完成教学进度，往往采取填鸭式的教学方式，教师讲，学生记，沟通少，学生缺少自我表达。学生没有大胆地"说"，哪里来的沟通和进步呢？

第二，许多语言表达题型陈旧，缺乏亮点，学生不感兴趣。

在应试考试中，许多学生经常把重点偏向于阅读理解，觉得语言表达题分

值小，得分相对容易，不重视这类题目。而且这类题目的题型有很多是学生写过的、看过的，学生比较不感兴趣。例如，写开场白、结束语、导游词等，这类题目过于陈旧，没有新意。其实语言表达的题目也可以具有灵活性，并没有学生想得那么简单，一些新题型不仅能考查学生的语言表达能力，还能考查学生的辨析能力、逻辑思维能力、想象力等。

第三，本末倒置，没有正确对待书面表达能力和口头语言表达能力的关系。

不少教师和学生认为分数才是硬道理，侧重于培养学生的书面语言表达能力，大量的题海战术让学生对于这类题目越来越反感，一味地用"写"代替"说"，书面口语表达似乎被重视了，实际上是竹篮打水一场空。其实，口头语言表达才是书面语言表达的基础。只有会"说"，才能会"写"。

二、培养学生语言表达能力的对策

语言表达能力是指能够表达意思、传播信息、交流感情的能力，在人际交往中非常重要。现就针对培养学生的口头语言表达能力和书面语言表达能力提出几点对策。

（一）培养学生口头语言表达能力的对策

1. 充分利用课前三分钟

形式可多样，如讲故事、民间传说、名著情节、名言感悟等。让学生自由报名，不强制要求，以点带面，让更多的学生喜欢上课前三分钟。建议刚开始开展课前三分钟时难度不要太大，要求学生口齿清晰、条理清晰、表达清楚、语意连贯即可，让学生的成长循序渐进。课前三分钟可以为学生参加演讲比赛、辩论比赛打下良好的基础。同时，课前三分钟不仅可以壮大学生的胆量，提高学生的语言表达能力，还可以使课堂气氛活跃，激发学生的学习热情。

2. 班会课形式多样化

主题班会有很强的教育力量，是"德育的聚光灯"，能够洗涤学生的心灵，对学生的影响非常大。当然，班会课形式不能过于死板，传统的教师教育学生听教已经过时，可以让学生开展多样化的班会活动，由学生主持，学生发言。如开展"感谢有你"感恩教师主题班会、"一缕书香伴我行"读书分享会、"难在坚持、贵在坚持"成长经验交流会等。在提高学生的口头语言表达能力的同时，对学生开展德育，全面提高学生的综合素质。

3. 鼓励学生开展综合性学习活动

让学生参与调查、研讨、总结，走向社会，提高自己，使语文课堂真正联系生活，最终走向社会。学生有兴趣调查，多渠道采风。在课堂上，让学生成为课堂的主人，收获的不仅是专题传递的知识，还提高了语言表达能力。

4. 丰富学生课余生活

例如，开展辩论比赛、演讲比赛、角色扮演等活动，这类活动课可以学生作为主持人开展主持活动。学生比较喜欢通过这类活动来调节紧张的学习生活，在活动中，应要求学生团结合作，有较强的语言表达能力。

5. 口语交际情境化

廖圣河老师主编的《新编语文教学技能训练导航》中指出创设交际情境对于提高学生口语表达能力非常重要："口语交际是在特定的情境中产生的言语活动""交际情境将充分调动起学生的言语合力，使有声言语、体态言语、情境态度等多种因素得到协调发展"。

（二）培养学生书面语言表达能力的对策

1. 出题者要贴近学生生活出题，不要盲目、随意出题

概括材料、调整语序、修改病句等题型不是说不可以出，而是出题者在出题时要考虑学生的生活范围和接受能力。激发学生答题的兴趣，让学生在答题中有思考、有感悟，才是好题目。我们看看龙岩中考试卷中的题目：

"松树顶上鹧鸪鸣，松树底下好谈情。老妹有情应一句，省得阿哥满岭寻。""劝妹老成要在家，莫去上家过下家，上家有个二流子，下家有个懒西妈①，学坏身子害自家②。"在"首届客家山歌节"的舞台上，68岁的"山歌王"倾情放歌。（①懒西妈：懒惰的女人。②自家：自己。）

该题将龙岩山歌和语文试题联系在一起，不是让学生死读书，而是学以致用，让学生深切感受到客家山歌的价值和意义，在推广客家山歌的同时呼吁学生关注民俗文化。

再看看漳州八年级教学质量抽测的题目：

今年花博会实行免门票制度，大量游客纷纷前往花博会参观花博园，造成漳州市区至花博园约20公里长的路段严重堵车，一时间"花博会"变成了"车博会"。对此，有人认为应该取消"免门票制度"。你是否赞同？为什么？

这道题目贴近漳州学生的实际生活，激发了学生的参与度和"说"的欲望。应试度减少了，灵活度增加了，学生能灵活运用语言表达自己内心的想法。语文源于生活，最终要回归生活。

2. 题目价值高，题目不要要求太难，而要有一定的灵活性

例如，福建省泉州市初中毕业升学考试语文试卷中有一题：

现在汉字听写大赛越来越难，字也越来越偏。这些电视节目因为其商业化的倾向，它要收视率、要比赛，就不再考虑节目的教育功能。要参加这个节目的参赛选手全是初中的孩子，他们在学校有学习任务，考的字越难，就必然促使少数参赛的学生去背字典，成为"比赛明星"。而多数的学生更加认为汉字太难，不可企及。

请根据这则材料，为学校将举行的汉字听写大赛提一条活动建议。

这则材料抓住时事热点，抓住学生兴趣出题。而问题的答案也不是针对"汉字听写"这个大问题展开，它有一定的限制，回答时必须根据材料提出的"字越来越难""商业化倾向"这些方面回答，要求学生要懂得答题技巧。要求学生说话和答题必须做到有的放矢，不要急于作答，也不要盲目回答。

"路漫漫其修远兮"，提高语言表达能力并非一朝一夕的事，它要求的是日积月累、持之以恒。教师要在课堂中寻找最优互动方法，激发学生兴趣，灵活运用语言，形成高效课堂。学生要关注生活，同时多阅读、多积累，厚积薄发。只有我们的共同努力，语言才会焕发出它应有的魅力！

浅谈初中语文送别诗阅读教学技巧

近年来，随着素质教育与新课程改革在我国的不断深入与推广，初中语文学科送别诗阅读教学受到越来越多人的关注与重视。但现阶段，有多项教研报告指出，目前我国许多初中语文送别诗阅读教学中普遍存在教师不重视、学生课堂表达机会较少且并未深入理解诗歌内容等诸多问题，学生学习兴趣不高，教学效果不乐观。故在当前环境下，教师在初中语文送别诗教学中需从建构主义视角出发开展课堂教学活动，以帮助学生建构自主空间，陶冶情操，增强阅读教学有效性。本文主要探讨了建构主义视角下的初中语文送别诗阅读教学策略，现论述如下。

一、依据课堂教学内容，激发学生的想象力与创造力

在初中语文学科的送别诗歌中，大部分诗歌均为诗人借景抒情，通过对客观现实的景物描写，以传递自己的情感，故学生对于这类教学内容的学习需充分发挥自身的想象力与创造力，并结合诗歌中的关键字或词，将各个片段、分散的语言模块组合起来，于脑海中形成一幅生动、形象、完整的画面，以增强自身对诗歌内容的理解，提高课堂学习的有效性。

例如，对于《白雪歌送武判官归京》来讲，这首诗歌语言优美，不仅描绘了边塞的自然风光，且还蕴含着"大风雪中送别挚友"的深厚情谊，整首诗歌意境独特、感情浓烈。全诗以一天雪景的变化为线索，记叙送别归京使臣的过程，文思开阔，结构缜密。共分三个部分。

　　前八句为第一部分，描写早晨起来看到的奇丽雪景和感受到的突如其来的奇寒。友人即将登上归京之途，挂在枝头的积雪，在诗人的眼中变成一夜盛开的梨花，和春天一起到来。前面四句主要写景色的奇丽。"即""忽如"等词形象、准确地表现了早晨起来突然看到雪景时的心情。经过一夜，大地银装素裹，焕然一新。接着四句写雪后严寒。视线从帐外逐渐转入帐内。风停了，雪不大，因此飞雪仿佛在悠闲地飘散着，进入珠帘，打湿了军帐。诗人选取居住、睡眠、穿衣、拉弓等日常生活和军事活动来表现寒冷，如同选取早晨观雪表现奇异一样是很恰当的。虽然天气寒冷，但将士却毫无怨言。而且"不得控"，天气寒冷也会训练，还在拉弓练兵。表面写寒冷，实际是用冷来反衬将士内心的热，更表现出将士们乐观的战斗情绪。

　　中间四句为第二部分，描绘白天雪景的雄伟壮阔和饯别宴会的盛况。"瀚海阑干百丈冰，愁云惨淡万里凝"，用浪漫夸张的手法，描绘雪中天地的整体形象，反衬下文的欢乐场面，体现将士们歌舞的积极意义。"中军置酒饮归客，胡琴琵琶与羌笛"，笔墨不多，却表现了送别的热烈与隆重。在主帅的中军摆开筵席，倾其所有地搬来各种乐器，且歌且舞，开怀畅饮，这宴会一直持续到暮色来临。第一部分内在的热情，在这里迸发倾泻出来，达到了欢乐的顶点。

　　最后六句为第三部分，写傍晚送别友人踏上归途。"纷纷暮雪下辕门，风掣红旗冻不翻"，归客在暮色中迎着纷飞的大雪步出帐幕，冻结在空中的鲜艳旗帜，在白雪中显得绚丽。旗帜在寒风中毫不动摇、威武不屈的形象是将士的象征。这两句一动一静，一白一红，相互映衬，画面生动，色彩鲜明。"轮台东门送君去，去时雪满天山路"，虽然雪越下越大，送行的人千叮万嘱，不肯回去。"山回路转不见君，雪上空留马行处"，用平淡质朴的语言表现了将士们对战友的真挚感情，字字传神，含蓄隽永。这一部分描写了对友人的惜别之情，也表现了边塞将士的豪迈精神。

　　这首诗，以奇丽多变的雪景、纵横矫健的笔力、开合自如的结构、抑扬顿挫的韵律，准确、鲜明、生动地制造出奇中有丽、丽中有奇的美好意境，不仅写得声色俱佳、张弛有致，而且刚柔相济、急缓相通，是一首不可多得的边塞佳作。全诗不断变换着白雪画面，化景为情，慷慨悲壮，浑然雄劲。抒发了诗人对友人的依依惜别之情和因友人返京而产生的惆怅之情。

在本节课课堂教学过程中，教师可先让学生对诗歌进行阅读、分析和鉴赏，引导其体会该送别诗中所传达出的"送别友人的情感"与"安慰鼓励"的信息。待班级学生领悟诗歌大意之后，教师可依据教学内容，带领学生开展课堂阅读教学，通过语言分析描绘出一幅包含"北风""大雪""送别"等景物或人物活动的画面，激发学生的想象力，使其能够对作者所抒发的思想感情感同身受，以增强学生对教学内容的理解和掌握，提高课堂教学的有效性。

二、创设教学情境，调动学生的课堂学习兴趣

一般来讲，大多数初中生的身心发展尚不成熟，课堂学习经验较少，对于语文学科中古代诗歌的课堂内容较难掌握，自学效果不佳。故在当前环境下，任课教师在初中语文送别诗阅读教学中需严格遵循新课程标准要求，尊重学生的课堂主体地位，依据教材中的教学内容为学生创设教学情境，以调动学生的课堂学习兴趣、提高教学质量。现阶段，在我国大多数初中学校的语文学科送别诗阅读教学中，较为常用的教学情境创设方法大致有如下几种：①教师在送别诗阅读教学中，可根据诗歌内容使用激励人心的教学语言或语音朗读的方式进行新课导入，以吸引学生注意力，激发其学习兴趣，以便使学生能够全身心地投入到课堂学习中去，最终实现教学目标。②教师可以教材中的诗歌内容为基础，充分借助现代化多媒体技术为班级学生展示景物图片，并播放相关的背景音乐，同时伴以教师富有感情的课堂朗读，为学生营造一种独特的学习意境，为学生提供知识建构的空间，增强学生的知识体系的完整性与连续性。③在初中语文送别诗阅读教学中，教师在课堂开始时需根据班级中每位学生的个体化差异实施不同的、具有针对性的教学措施，以促进学生的身心健康发展。若班级中有些学生情况特殊，教师需给予其特殊教育，创设以学生为主体、教师为主导的教学情境，在课堂教学活动中将教师教学与学生自学有机结合起

来，增强课堂教学有效性。另外，教师也可根据班级学生的实际学习情况将其分为各个小组，指导学生展开课堂互动交流，鼓励学生大胆说出自己的观点，调动学生学习主动性，提高教学效果。

三、关注学生审美起点，将课堂教学与现实生活相联系

在以往的初中语文送别诗阅读教学中，大部分教师均将课堂教学重点放在学生对诗歌内容的理解和背诵上，却忽视了对学生自身发展的关注，不仅导致班级学生学习压力大，而且不利于发展学生的理论知识实践运用能力，教学效果不佳。故现阶段，任课教师在初中语文送别诗阅读教学中需密切关注学生的审美起点，并积极联系现实生活，以增强学生课堂所学知识的实践运用能力，提高课堂教学的有效性。例如，在《使至塞上》这首诗中，诗人把笔墨重点用在了他最擅长的方面——写景。作者出使，恰在春天。途中见数行归雁北翔，诗人即景设喻，用归雁自比，既叙事，又写景，一笔两到，贴切自然。尤其是"大漠孤烟直，长河落日圆"一联，写进入边塞后所看到的塞外奇特壮丽的风光，画面开阔，意境雄浑，近人王国维称之为"千古壮观"的名句。边疆沙漠，浩瀚无边，所以用了"大漠"二字。边塞荒凉，没有什么奇观异景，烽火台燃起的那一股浓烟就显得格外醒目，因此称作"孤烟"。一个"孤"字写出了景物的单调，紧接一个"直"字，却又表现了它的劲拔、坚毅之美。大漠上没有山峦林木，那横贯其间的黄河，非用一个"长"字不能表达诗人的感觉。落日，本来容易给人以感伤的印象，这里用一"圆"字，却给人以亲切温暖而又苍茫的感觉。一个"圆"字，一个"直"字，不仅准确地描绘了大漠的景象，而且表达了作者深切的感受。诗人把自己的孤寂情绪巧妙地融入广阔的自然景象的描绘中。《红楼梦》第四十八回香菱学诗里说的那段话可算道出了这两句诗高超的艺术境界。

但是对于许多初中学生来讲，由于其缺乏观赏经历，生活经验不足，单凭诗歌语言很难理解诗歌内容，学习难度较大。此种情况下，教师可充分结合学生的现实生活，关注其自身的审美起点，让学生多回忆以往的旅游经历或在电

视、网络中看到的大漠风光，并将其与本节课诗歌内容结合起来，以增强学生对文章内容的理解和掌握程度。同时，教师也可鼓励学生在日常生活中多阅读一些与"送别"有关的古代诗歌，使学生潜移默化地了解该类诗歌的写作特点及其所表达的思想感情，逐渐消除课堂教学与学生现实生活之间的隔阂，提高课堂教学的有效性。总之，目前我国许多初中语文送别诗阅读教学过程中仍存在诸多问题，从整体上来讲教学效果不大理想。针对这种教学现状，笔者建议任课教师在初中语文送别诗阅读教学中需重视并树立建构主义教学观，依据课堂教学内容，激发学生的想象力与创造力，并有目的性地创设教学情境，以调动学生的课堂学习兴趣，同时需关注学生的审美起点，将课堂教学与现实生活有机联系起来，增强学生对教学内容的理解和掌握程度，提高教学质量。

"语"与"文"

——浅议语文的实用性与审美需要

"语"与"文"，从事实上构成我们熟悉的语文课程的两个部分。

"语"，指的是语言层面的内容，包括基本的语音、词汇、语法与修辞等，主要培养学生使用现代汉语时能够进行准确而规范的表达的能力。在这一层面上，主要解决的是"信息"传达的需要，即在汉语语境下，一种客观信息应该以怎样的规范进行表达，我们通常称之为语文的"工具性"。它具有实用的价值。

"文"，指的是文学层面的内容，包括审美情感的感受与表达等，这将超出特定的语言范围，进入跨语言的普适性的文学艺术层面。在这一层面上，要解决的是"情感"的表达与感受的需要，即在文学这一特定的艺术形式下的审美问题。我们通常称之为语文的"人文性"，也就是文学能满足人们的审美需要。

如果将二者结合，就能在以规范的现代汉语或古代汉语表情达意的同时，达到情感共鸣，满足精神享受的审美追求。

既然在语言层面主要培养的是学生对客观"信息"的表达能力，那么在教学中的要求应是规范、严谨、有条理，即使一个字的读音、一种语法现象的规则，在这一层面上也不允许随意更改。与此相对的是文学层面的要求，既然要培养的是对主观性的"情感"的表达能力，那么要求自然且允许多种可能性，因此前一阶段的规范性在此时不仅不能作为一种补助，甚至可能成为影响学生进行审美感受的阻力，因为"情感"带有很强的主观性，审美主体的现实经历、审美风格、接受预期都是不同的，以一种"规范化"的模式去要求所有学生掌握，则显得牵强。

而现状是，我们在"语"这一阶段做的工作是够的，问题出在"文"的阶段，我们将前一阶段的规范化要求带到了后一阶段，在面对主观化的情感对象的时候，继续使用客观化的思维，急于以一种统一的标准让学生掌握"为什么美""美在哪里"等理论分析性的问题，却忽略了"美不美""什么是美的"等主观的感受，最后，学生也许可以讲出一大堆道理，对表达手法也很熟悉，但当你问他"你喜欢这篇文章吗""你觉得这篇文章最漂亮的部分在哪里"这种问题的时候，学生往往因为没有"标准答案"而觉得茫然无措。这就是因为在教学阶段，学生接受的是一个个现成的理论，而极少尝试自己去感受文学表达的情感特征。

教材文本在实际教学中，是可以有完全不一样的教学设计的，我们需要明确我们的教学目的，先把教材文本的特点吃透，然后根据实际情况来决定如何处理教材文本，比如是要把它处理成工具实用的典范，还是更多地开放于精神的审美体验。

因此，或许我们应该重新考虑语文教学中的文学层面的教学要求，对于适当的教材文本，就要多给学生一些主动权，让学生思考"如果我面对作者的处境，我会怎么想"，而不是急于将结论强加给学生。要鼓励学生在基于自身阅读经验、人生经验的基础上，大胆地对文学作品作出个性化的解读。同时，鼓励并创造机会让学生广泛阅读文学作品，读多读少无所谓，是否能掌握"主题思想"也无所谓，正如陶渊明在《五柳先生传》中所说的"好读书，不求甚解"，如果学生能对作品中的哪怕一句话发生兴趣，觉得有意思，有感触，那就很值得。若将有些作品以这样的形式开展学习，或许比简单拿作品来作修辞分析效果要好得多。

文本为纲　灵活阅读

"读书破万卷，下笔如有神"，读书只有读透书，博览群书，这样落实到笔下，运用起来才能得心应手，有如神助。阅读是非常重要的，因为阅读不仅可以增加人对语言的兴趣，可以扩展人的知识，最为关键的在于阅读可以帮助人形成一种语感。

在初中学习中，阅读教学是一个重点也是一个难点，受应试教育的影响，阅读教学的价值取向变成了单一式的，即在有参考答案的阅读背景下，教师无法真正从阅读教学中提高学生的语文素养；另一个方面表现为考试过程中的阅读多数为课外文章，很多教材的阅读如果不能好好地加以利用就变成了无用，无法真正发挥阅读教材的作用。针对这样的现状，为了使文本阅读发挥作用，回归文本，必须从文本入手，在文本中深入阅读，在文本中找到阅读教学的方法，让文本成为阅读教学的依据，也服务于语文教学，即文本为纲，灵活阅读。

一、基于文本的有目的逐层阅读教学

在文本阅读过程中，必须有针对性地学习和养成阅读习惯，善于发现阅读的重点、难点。文本中的文字是作者与读者交流的载体，作者想要传达给读者的内容，或直接或委婉，而想要揭示文字中隐含的信息，就必须学会在文本阅读中逐层发现问题、深入阅读。有目的地阅读比盲目地阅读能获得更多的东西，它可以帮助读者捕捉所需要的信息，并迅速地与读者已有的信息联系起来，通过比较加工，以及补充，产生新的信息。然而，文本阅读又不能仅仅停留于表面阅读，要善于发现文本后面隐含的信息以及作者所要传递的情感。那么，如何实现有目的性的逐层阅读呢？我认为可以利用学生的好奇心，在课堂教学中，通过教师的引导，使学生有目的性地去找寻、捕捉他想要的阅读方向，从而完成有目的的阅读。"情景激趣—自主探究—合作解疑—品味拓展"，通过四部曲的阅读课堂教学模式来完成有目的的逐层阅读教学。

情景激趣其实就是教师要善于运用各种方法创设情境，把学生带入情境，然后激发学生的好奇心，让学生自觉主动地参与到阅读教学中去；自学探究是发挥学生主动性的最主要的环节，让学生在带着问题的自主阅读中得到个性的体现和发展，让学生在思考与询问以及表达中获得能力的发展；合作解疑是教师发挥主导作用和学生在教师的点拨中掌握一定的阅读方法的重要过程，学生把自己的思考和教师的引导相结合，在双方思想的碰撞中得到新的阅读思维，从而形成自己的阅读习惯和阅读方法；品味拓展，品味即是回归文本本身的阅读，学生通过对文本的字词句进行推敲、琢磨和探究得到隐藏于文本背后的信息，形成自己独特的阅读感受。基于文本又高于文本的拓展是进一步提高学生阅读能力的方式，学生既解决了问题又产生了新的问题，在问题的逐层深入探究中进一步提高阅读能力。

《藤野先生》这篇课文属于回忆性散文和传记，学习的主要目的是使学生学习和感悟事、人和情。其实，这也是我们在阅读过程中应逐层发现的问题。例如，在《藤野先生》一文教学过程中，可以指导学生逐层深入地去阅读。学生粗略阅读后得到的便是人物的情感，鲁迅在文字中流露出对藤野先生的感激和敬佩，这是学生通过略读就能够获得的情感体验。那么，问题接着就来了，为什么鲁迅对先生怀有感激和敬佩之情呢？为了解决这一疑惑就需要将略读和深入阅读相结合了，感激是源于藤野先生对鲁迅的帮助，教师可以要求学生把藤野先生帮助的事件简略地概括出来；敬佩是源于藤野先生的品格和精神，那么，教师就可以要求学生进行深入的文本阅读，从文字描写中去发现人物的品格和精神。每一个环节的阅读学生都是带着目的性的，或精读或略读，逐层深入，阅读文本，走进文本。这样的有目的性的文本阅读方法同样适用于其他的回忆性散文或传记。

阅读必须是基于文本的阅读本身，然而又不能仅仅停留于文本本身，应该是基于文本的有目的逐层阅读，在阅读中带着目的逐层深入阅读和探究，发现更多信息并获得自身的独特体验。

二、基于文本的可鉴写作式阅读教学

在一般的初中语文教学中，教师很多时候对于各种教学要求是分割的，对读写教学的结合力度似乎不够，要么简单地关注阅读教学，要么简单地关注写作教学，这两种教学互相结合的阅读教学形式非常鲜见。

听、说、读、写能力是学生语文学习能力的综合，阅读和写作更是这种能力的重中之重。阅读与写作是息息相关的，不能简单地独立教学。阅读训练的是学生的情感领悟能力，那么，写作就是训练学生如何把得到的情感表达和抒发出来的过程。培养学生良好的阅读能力，不仅可以使学生进一步巩固课内学到的各种知识、提高学生的认读水平，还可以提高写作能力。一个良好的阅读习惯对于写作能力的提升有着很大的帮助，没有良好的阅读习惯便难以积蓄大量的文学素材，也无法汲取优秀作家的宝贵文学财富。因此，在阅读教学中也可以将阅读教学进一步深化为写作式阅读教学。指向写作的语文阅读教学，才更有意义。

作家秦牧说："一个作家应该有三个仓库：一个直接材料的仓库装从生活中得来的材料；一个间接仓库装书籍和资料中得来的材料；另一个就是日常收集的人民语言的仓库。有了这三种，写起来就比较容易。"其实这阐述的就是学生写作素材的来源和收集，最有效和直接的方式就是生活和阅读。素材是学生写作的最原始的材料，很多学生作文时出现了无话可说、无事可叙、无情可寄的情况或者是材料陈旧没有吸引力的问题，其实归根结底都是因为学生写作素材的缺乏。然而，从生活中汲取素材看似最简单，却也是学生最头疼的。因为生活阅历的有限、生活空间的单一化以及缺少关注和发现美的眼睛，学生所用素材多是陈旧的或空洞的想象，缺乏新颖性和真情实感。那么，从文本阅读中去收集以及发现生活中的写作素材就十分必要和有效。

《散步》中以小见大的作文选材便是很好的参照，通过一家人散步这种生活中平凡的事情来折射中华民族敬老爱幼的传统美德；《走一步，再走一步》中通过父亲引导"我"自己一步一步地爬下山坡这个事件来告知我们要勇于面对困难，把困难拆分为一个一个的小困难，从而一步一步去战胜困难，并且，目标的实现也是这样的。这样的写作素材对学生也是很有启发意义的。学生可以通过文本阅读来学习积累写作素材的方法。比如，由事寓理，在普通的事情中蕴含着很多人生的道理，学会从平凡的小事中感悟、领悟深刻的道理，把虚化的道理通过客观可感的事件写真、写实。善于分析、比较、综合、归纳、联系、推理，往往能够从日常所见中悟出哲理来。"一杯牛奶""一抹眼神""一次击掌"都是爱的表现；一次爬山的经验、一次参加运动会的经历、甚至于校园里一棵不起眼的小树都是我们写作的素材。

提高写作水平必须注重实践。写作方法是学生能否实现"我手写我心"的关键。当然，技巧并不会凭空出现，也不会自然而然地就可以领悟了。技巧从何而来呢？——向文本阅读借鉴写作方法。也就是说学生可以从国内、国外、古代、现代等优秀的文章中汲取写作技巧。中学课本中选入的文本，在内容和形式上都是比较出众的，其写作技巧是比较有创意的，值得学生借鉴和参考。引导学生阅读文本时不能仅停留于文字本身，还要注意分析其写作技巧，看看作者通过什么样的内容、什么样的形式来表达什么样的情感。通过分析、理解和掌握把这些写作技巧加以借鉴并转化为自己的写作方法。

《列夫·托尔斯泰》的人物肖像描写得夸张和巧妙，也是很好的写作教学范本；《再塑生命的人》中通过典型事例来展现人物的性格和品质也可以作为写作方法的参考。《春》是朱自清的写景作品，可以在这篇文章的教学中引导学生学会"春草图—春花图—春风图—春雨图"这样的并列式写作结构。也可以有意识地引导学生学会运用拟人、比喻、排比等修辞手法或叠音等来美化文章的语言。文本阅读的直观性强，更容易让学生体会到这样的写作方法并加以运用，达到可鉴写作式阅读教学的目的。

"重视对学生多角度、有创意阅读的评价。略读的评价，重在考查学生能否把握阅读材料的大意。浏览的评价，重在考查学生能否从阅读材料中捕捉有用信息。精读的评价，重点评价学生对阅读材料的综合理解能力，要重视评价学生的情感体验和创造性的理解。""写作是运用语言文字进行表达和交流的重要方式，是认识世界、认识自我、进行创造性表述的过程。写作能力是语文素养的综合体现。"略读课文并不是完全发挥学生的自主意识，而是教师应该有意识地引导学生发现文本中的信息，然后能根据自身能力、价值观等体验不同的文本情感，在文本阅读中提高自我阅读能力。精读课文是培养学生学会阅读和提高写作水平的重要途径。精读课文也必须是基于文本文字的阅读，从文字中去发现、理解和感受。阅读是扩充写作素材和发展写作思维的重要方式。文本是阅读教学最直观、有效的依据，不同文本实现不同的阅读教学。

关于角色扮演教学法的几点建议

角色扮演教学法是指学生在教师指导下根据教材内容中的人物要求扮演相应角色，通过角色扮演活动加强对教材内容的理解和掌握的教学方法。

一、如何提高角色扮演教学的有效性

（一）以培养兴趣为前提，诱发主动性

培养学生的阅读兴趣及文本解读能力，以兴趣带动思考，让学生自主学习，自动参加到角色扮演教学中，利用情景剧增强学生的学习能力，并利用精彩的角色扮演带动、活跃课堂气氛。

（二）以指导观察为基础，强化感受性

指导一部分学生进行角色扮演。课前根据课文内容给予相应的指导，同时确定或引出问题，让学生充分感受课文的主旨，将人物置身于矛盾冲突中来加深学生对课文的理解。

（三）以训练语言为手段，贯穿实践性

语言是角色扮演的重要部分，角色扮演教学既可以训练学生的语言表达能力，也可以培养学生上台表演的实践能力。角色扮演教学还能激发学生的求知欲和对语文的兴趣。

（四）以激发情感为动因，渗透教育性

角色扮演是为教学服务的，利用角色扮演教学发展学生的形象思维，激发学生情感，同时组织讨论，深入课文，以达到教育的目的。

二、教师安排角色扮演时应注意的问题

（一）要做好充分的课前准备

教师要选择故事性强，适合表演的课文，挑选合适的扮演者，同时给予相应的指导，让学生充分了解自己的角色。必要时教师可做示范。设计好讨论题目，让学生深入课本，体会文章主旨。

（二）考虑学生的能力水平

学生的认知能力、表达能力有限，有时表演不出预期的效果，教师应循序渐进，给予学生一定的指导。当学生在表演时由于紧张而忘了台词等意外状况发生时，教师应及时协调现场气氛，或插话指导，或提示台词，或独白等，给予学生鼓励。

（三）注意可支配的教学时间

表演的时间受剧本的长短等因素的影响，教师应以学习为主，表演为辅进行教学。适当控制表演时间，注意把握现场情景，调控表演后的讨论过程，用有限的表演时间带动热烈的讨论，合理安排课堂时间。

（四）注意课堂气氛的营造

努力营造轻松、自由的气氛，让扮演者安心表演，不致让表演者因角色扮演而被人嘲笑。在回答问题的过程中，应注意学生的讨论，指引学生从多个不同的角度进行分析，鼓励学生发挥充分合理的想象。

（五）注意归纳总结

在角色扮演及班级讨论结束后，教师应在最后环节对表演及讨论结果进行归纳和总结。这样，既可以鼓励角色扮演的学生，也可以梳理出讨论的主要观点。

三、角色扮演的一般模式

角色扮演的一般模式如下表。

	结构序列	注意的问题
课前准备	选择课文	选择故事性强的、适合表演的课文进行表演
	选定演员	确定角色扮演，注意扮演的角色的语言、动作、神态等，必要时给予相应的指导或示范
	观众任务	指定观众任务，确定或引出问题，让学生思考、讨论
表演过程	角色扮演	要求演员熟记台词，积极入戏，深入到故事情景中
	观众欣赏	认真观看演出，说明观看过程中应注意的问题，做好笔记
讨论分析	完成预定的观察任务或后来的讨论题目； 角色分析（演员自述或观众评点）； 解释故事中的矛盾冲突； 分析人物性格； ………… 引出相关问题，深化文章主旨	
教师总结	教师评点学生的角色扮演及讨论结果，总结课文，对学生给予适当的鼓励	

初中语文新授课切入点的把握

作为教师，我们必须做到"智如泉涌，行可以为表仪者"。由此可见，为师者应该是智慧的。但却有中学语文老师这样感叹，"读书三年气自华，教学五载迁至极"，说教书把自己给教傻了，何况学生？面对当下的考试制度，面对语文教学的尴尬境地，相信各位同人多少也会有些感触。

其实我们语文老师如果敢于不"作茧自缚"，在教学中是可以实现自己智慧的升华的。如何变得睿智？智在点上，初中语文教师智在把握好针对不同层次学生新授课的切入点。只要听过魏书生、于漪等特级教师的课，便不难发现，他们针对不同层次学生新课的切入点的把握充满了智慧。

参看于漪老师的课例，我们常常被于漪老师的课所吸引，而在笔者看来，其中最突出的便是于漪老师切入新课的方式——对比式激趣。例如，于漪老师上《春》这一课时，课堂切入是由一个对比导入的：同学们先背诵关于春的诗句，再对比导入朱自清先生《春》中的描写，一招而牵全文，学生的兴趣被充分调动起来。

于老师这样提问——"比较这两段描写晋祠的文字，你们从中发现了什么问题？两者有哪些不同之处？判断一下是本文写得好，还是词典上说明得好？"学生在对比式激趣下，迅速沉浸到课堂教学中。

于漪老师这样的新课切入方式无疑更适合基础相对较弱的学生，或者说更适合学习习惯不是很好、注意力难以集中的学生。这种激趣式的切入，以最快的方式将学生的注意力拉进课堂，高效且充满智慧。

当然，语文新课切入的路径是多样的，可以是"问题勾连式"，亦可以是"对比激趣式"，甚至是"一词贯穿式"。

《孔乙己》可抓住"矛盾"一词，引导学生在对矛盾的人物、矛盾的情节、矛盾的语言等的解读中，探究作者的创作意图，可谓要言不烦、一语中的。

余映潮老师上《散步》一课时则是用一个训练题贯穿课堂文本的解读：给文章加一个小标题。看似很随意的一个问题设计，实则是紧紧扣住了文章的主题、立意、人物特点等核心问题展开讨论。如此不仅活跃了课堂气氛，更使课堂有了足够的延展性，此"一问式"切入法往往会收到一举多得的效果。这样的切入方式，在余映潮老师的教学中很常见，如余老师在上《社戏》一课时，要求学生回答文章有哪些美（学生给出的答案：故事美、环境美、人情美、主题美、味道美……）；《假如生活欺骗了你》，请学生写百字以内的"微型演讲稿"，要求用上《假如生活欺骗了你》中的一个句子……

诚然，语文新授课切入的方式多种多样，但不变的是在吃透考纲、教材、文本的前提下，根据学生的不同层次找到对文章最智慧的呈现方式，这需要教师对学情的精准了解，需要教师深厚的功底（对文本科学的理解）、虚心的态度（向大师学习），更需要教师做"智慧"的有心人——用心上好每一节课，让每一节课在智慧的碰撞中熠熠生辉。

第三章

初中语文阅读教学案例分析

巧引学生学习古诗词

——以《天净沙·秋思》教学为例

中国是诗的国度，唐诗宋词元曲是中华文化的瑰宝，是博大精深的中华文化丰富的载体，也是世界文学领域一颗璀璨的明珠，它有着深邃迷人的文化意蕴，具有缱绻隽永的艺术魅力。学好古诗词是继承和发扬中华民族历史文化的需要，是提高学生的语文核心素养的需要，更是尊重历史，维护民族尊严的表现。

但古诗词由于年代久远，文化背景距学生的生活实际较远，现实中人们又以现代汉语为主要交流方式，古诗词语言高度凝练、跳跃性强，学生对古诗词的理解有一定的困难。古诗词的教学中，常常教师在台上讲得"激情四射"，学生在台下听得"云里雾里"；或者教师满堂灌，学生被动地接受，根本达不到应有的教学效果。初中语文教师应当利用各种方式方法，激发、培养学生学习古诗词的兴趣，引导学生感悟古诗词的灵秀之美，让学生自觉接受经典文化的熏陶和感染，领略诗词精华，不断提高语言文学修养。

下面以《天净沙·秋思》一课的教学为例，探索在初中古诗词教学中如何巧引学生学习古诗词。

《天净沙·秋思》是部编版教材七年级上册第一单元《古代诗歌四首》中的课文。这是元曲中一首脍炙人口的作品,被人们誉为"秋思之祖"。这首散曲意境优美,语言凝练,流畅自然,是一首值得反复吟咏、细细品味的佳作。

本课的学习对象是七年级的学生,学生古典诗词学习不多,对诗词不是很熟悉;诗词欣赏水平不高;为避免乏味的讲解,教师需要创设情境,引导学生想象、联想,并引导学生通过反复吟诵、欣赏等活动来学习诗歌,激发学生的学习兴趣。

教师可以从以下五个方面来引导学生学习:

第一,巧引学生做好预习,激发学生的学习兴趣,走近古诗词。

"兴趣是最好的老师",兴趣是让学生保持学习动力的一剂良方。

《天净沙·秋思》是一首小令,只有短短的28字,可能粗略读两遍就能了解文本的主要内容。这种表面上似乎"浅显易懂"的文章,可能不大容易引起学生的兴趣。为此设计了这样一个问题:查阅马致远的有关资料,了解写作背景。了解马致远的生平及时代背景,可以激发学生的求知兴趣,通过查找资料,学生可以了解作者创作该作品的背景及原因:马致远,青年时期热衷于功名,因壮志难酬,他一生几乎都过着居无定所的生活,他也因之郁郁不得志,穷困潦倒一生。在漂泊途中,马致远写下了《天净沙·秋思》。对于作者漂泊不定的身世,学生不由得产生了同情的情感,由此,学生对作品的阅读兴趣也就激发出来了。

在古诗词预习阶段,需要教师下功夫,采取各种合理手段激发学生对文章的兴趣,调动学生学习的主动性和积极性,巧引学生完成预习任务。

第二,巧用多媒体,让信息技术成为创设古诗词情境的工具。

"诗中有画,画中有诗"说的是古诗词大多具有言简意赅、意境深远的特点,但七年级学生很难从精练的诗句中领略到诗意。多媒体集声音、图画、动画等音视频内容于一体,让一个个文字鲜活起来,让一行行诗句形象起来,利于表现诗歌的情景。合理运用多媒体,能创设新颖活泼的教学氛围,提升古诗词教学的感染力，改变古诗词课堂教学的固有模式，激发学生的学习兴趣，提升古诗词课堂教学的效率和质量。

在《天净沙·秋思》的教学中，可以合理运用多媒体，灵活将教材资源展现于课堂，通过绚丽的画面、悦耳的音乐、有趣的动画、生动的视频为学生创设优美的诗境，展现情景，从而调动学生的视听感官系统，活跃学生的思维，发展学生的想象能力，促进学生对古诗词的学习理解，感受到古诗词的美，激发学生阅读古诗词的兴趣及对祖国古典文化的热爱，达到借力使力、事半功倍的良好效果，让古诗词在学生心中"活"起来。

第三，巧引学生反复听读吟咏，领悟古诗词所蕴含的情感，培养学生对古诗词的诵读能力。

"熟读唐诗三百首，不会吟诗也会吟""读书百遍，其义自见"，都揭示了"读"的必要性和重要性。读是古诗词教学中最有效的，也是最不可或缺的方法之一，只有诵读达到一定的量，才可能形成语感，引起量变到质变的过程。

学习《天净沙·秋思》一文，重点要放在朗读训练上，初步培养学生有感情地吟诵古诗文的能力。①创设学习情境，听一遍名家诵读，画出节奏。②引导学生自己朗读。③听名家声情并茂的范读，感受诗的韵律美。④听范读感受诗词的形式美。这首小令前三句是典型的整句排列，最后一句是散句，整首小令押韵，读来朗朗上口，句式整散相间，长短结合。⑤放声朗读，力求读出感情，抑扬顿挫，在朗读中想象诗中的画面，体会诗人的感情。⑥欣赏两则风格不同的动画演示及配乐朗读，再请学生齐声诵读，体验体验游子的悲苦与心酸。⑦诗歌分析完再朗读，体验作者穷困潦倒、孤苦无依、颠沛流离的凄苦情思，感受作品的悲剧美。⑧展开想象的翅膀，再次配乐朗读课文，体会悠远的意境。

如此重复，学生在诵读吟咏时，会无形中感受到诗歌内在的情感，对诗歌的情感体味得更深，就能自然而然地感受到诗歌的美，吟出情，读出美，诵出趣。正所谓只可意会不可言传，听读与朗读往往更胜于教师一味讲解。课后，学生能自然而然地脱口吟诵。学生在朗诵中感受到了诗词的美，朗读水平也得到了提升。

第四，巧引赏析画面，联想、想象诗的画面，体味诗歌情感，促进学生古诗词的欣赏能力的形成。

叶圣陶曾说过，诗歌的讲授，重在陶冶性情，扩展想象；如果抓住精要之处，指导一二句话就足够，不一定需要繁复冗长的讲说。古诗词教学，要巧引学生展开联想和想象，借助画面、声音等营造诗情画意的情景，引导学习诗歌的内容，感受诗歌情感。

在《天净沙·秋思》的教学中，通过多媒体分别出示以下五个画面，让学生根据画面读出诗句，再说出诗的意思：

枯藤老树昏鸦，小桥流水人家，古道西风瘦马。夕阳西下，断肠人在天涯。

"以'我仿佛看到了……'为开头，说说诗句在你头脑中再现的画面。"通过问题，逐步引导学生在脑海里形成关于"枯藤老树昏鸦，小桥流水人家，古道西风瘦马"等的画面，并把这些画面用生动形象的语言描述出来。通过画面与诗歌内容的比对赏析及想象、联想等创造性活动，引导学生感受这首小令所要表现的形象，领会到诗中所要表达的情感——乡愁。

第五，巧引学生自主学习，让学生动起来，成为课堂的主人。

语文课堂最重要的是要通过各种学习活动引导学生"动起来，参与进来"，因此语文课堂要善于营造温馨的课堂氛围，巧妙引导学生进行自主学习；调动学生的参与热情，使学生主动地、富有个性地参与课堂活动；重视学生的成功体验，让学生成为课堂的主人。

整个教学活动设置的一些赏析问题及相关活动，都要尽量符合学生的思维水平及年龄特征，尽可能地让每一位学生都参与进来，都能够"说出自己的话"。学生的学习活动贯穿课堂始终，教师只在必要的时候做适当指导，教师真正成为课堂的开发者、引导者与促进者。

教无定法，语文课堂最重要的是让学生动起来，"八仙过海，各显神通"。古诗词的教学，更需要教师利用各种方式巧引学生参与学习活动，在活动中让学生领略中华古诗的魅力，激发学生读古诗词的兴趣及对祖国古典诗词的热爱。

基于学情分析的教学策略调整

——以《再塑生命的人》为例

    学生是中学语文教育过程中学习的主体，每一堂语文课的目的都是引领学生的成长。学生是灵动的，教学也应该是灵动的，而不应是一成不变的。因此，课前的文本解读、教学方案的设计，都必须考虑学生已有的生活体验和知识储备，要分析学生的学习特点，研究学生的学习起点，并及时调整教学策略，调控课程进度和课堂状态，从而优化设计方案，提高课堂教学的有效性。常规教学中，师生间的熟悉度和契合度往往较高。而借班授课的公开教学，则更考验教师的预设能力和调控能力。现以《再塑生命的人》为例，谈谈基于学情分析的教学策略调整。

一、初步教学设计

原授课方案大致如下：

（1）导入：从海伦·凯勒的奇迹说起，认识作者。

（2）整体感知：默读课文，用"读读写写"中的成语，复述故事。

（3）细节揣摩：从复述中感受海伦前后的变化，回到文本了解其"再塑"的历程，重点品读其心理描写。

（4）探究原因：引导学生聚焦莎莉文老师，讨论这个过程中莎莉文老师所起的作用。

（5）小结：海伦的奇迹，也是爱的奇迹。

二、授课前的学情分析

开课前一天与任课老师交流，获知以下学情。

（1）这是一所农村学校，学生朴实真诚，有健康的审美取向。能正确解读本课所传达的情绪和感受，没有故意曲解或误读的情况。学生的学习积极性较高，而且对开课充满期待。

（2）课外阅读量少，大部分孩子没有看过《假如给我三天光明》。学生语言品析能力较弱，有"浅阅读"的倾向，而且阅历少，情感体验也较单薄。

（3）因课程进度问题，该班已经上过此课。学生学习了字词、粗略了解大意、解答了课本中列出的自读问题。作为一篇自读课文，孩子们已经基本完成自学任务。从学习的起点来看，已经不同于新授课。

三、教学设计推敲与调整

结合这样一个特殊的学情，经过反复推敲、斟酌，对教学设计做了调整。

（一）回归起点，量身定制学习方案

首先关注的是学生的学习起点。《学习的本质》一书指出："对学习者的现有概念的考虑必须成为一切教育计划的触发点。在语文课堂教学中，只有重视学生的学习起点，把学习活动建立在学生的现有概念基础上，学习才得以真正发生。"原设计只针对初始课教学，此时显然已不适用。因此，对大框架做了调整，删去导入中关于海伦·凯勒的介绍，放弃用"读读写写"中的成语复述故事这一环节，削枝强干，回归学生本节课的学习起点，着手于深入开发文本的教学价值。

（二）把握需求，开发合适的教学内容

鉴于是二次授课，因此应选择新颖又贴切的教学内容，满足学生的学习需求；也正因为是二次授课，本次授课才得以直接切入教学的核心，并能从容、集中地寻求突破。这篇文章具有强烈的情感色彩、饱满的生命激情和优美的语

言魅力。但是，学生乃至教师，都不可能拥有作者的人生体验。王荣生老师说："要建立学生与'这一篇'散文的链接，实质是建立学生的已有经验，与'这一篇'散文所传达的作者的独特经验的链接。"也就是说，要通过品读这些个性化的语句章法，去体味丰富甚至复杂，细腻甚至细微的感官所触、心绪所至。

依据文本的特质，将教学重点调整为：通过品味语言理解海伦·凯勒的独特体验，进而学习从侧面表现莎莉文老师的手法。本课探究的主问题为："一个盲聋哑的孩子，她怎样用文字去塑造自己恩师的形象？"这个主问题贯穿了教学始末，让课堂教学内容简洁明晰又不缺乏细腻。通过一次次创设情境，让学生去揣摩海伦如何调动多种感官感知世界、如何描摹自己百味杂陈的学习经历、如何表达自己内心的声音……感受这篇文本所反映出来的独特的精神境界、思维特点、体验方式、语言形式，教出这篇散文所特有的情味来。

（三）适度拓展，链接课外空间

本堂课拟适度拓展，引入适当的课外助读材料，以满足学生解读文本的需要。导入环节，从百度"孤星湾"计划谈起，这个计划关注的是特教老师这个群体，教学中引用其公益广告中的广告词："无声世界里的特殊音符，孤独星球上的明亮灯火，混沌世界中的希望曙光。"在情感上蓄势，也引出文章的"再塑者"莎莉文和"被塑者"海伦。

除此以外，还从《假如给我三天光明》中截取了三个片段，以备解读环节选用。

① 随着年龄的增长，我表达自己思想的愿望越来越强烈。我尽力表达自己的意思，但是我的思想再也无法通过几种单调的手势传递给别人。

每当这时，我就好像被许多看不见的魔爪紧紧抓住，我拼命地想挣脱它们，却无能为力。烈火在我胸膛里燃烧，我却无从表达。于是，我疯狂地踢打、哭闹、吼叫，在地上打滚，直到筋疲力尽……

② 我嫉恨妹妹夺走了母爱。现在，妹妹又霸占了南希（洋娃娃）的摇篮。我再也无法忍受了，疯狂地冲过去，愤然把摇篮推翻。多亏母亲及时赶来，接

住了妹妹。不然她很有可能被摔死……

③所取得的一切，无不归功于莎莉文老师。

这三则助读材料都紧紧围绕文本展开，帮助学生理解课文中所表达的痛苦、迷茫、绝望、冷漠，还有幸福与感恩。按照学生现有的认知水平、生活经验，这几则材料应该有助于他们理解文本中所传达的生命渴求和灵魂的慰藉。

（四）设计活动，激发参与意识

"正确的教学理念，集中表现在一个'点'上，那就是要深切地知道、真正地明白语文课程是一门综合性、实践性的课程。"因此，我们必须做到，"在教学课堂中，给予学生大量的学习实践，在教学之中精心设计由学生集体进行的语文学习实践活动"。遵循以学为中心的教学理念，进一步优化学生活动的设计，凸显学生的主体地位。从探究问题的提出，到跳读筛选信息，再到思考、讨论，然后交流、举例、赏读，以及最后的仿写训练，设计了一个定向的、有序的学习活动，努力让学习成为一种自发状态，让课堂既生动有趣又能激发思维，极大地提升了课堂的有效性。

（五）读写结合，促进素养提升

语文是一门工具性的学科，阅读教学与写作教学的结合是至关重要的。因此本堂课的最后一个环节，拟聚焦语言文字的运用。课文的第四段很适合设计仿写训练："朋友，你可曾在茫茫大雾中航行过……我心里无声地呼喊着：'光明！光明！快给我光明！'"这个选段运用比喻，以雾天海上航行为喻，十分形象地展示了作者坠入黑暗世界找不到方向的心灵感受。反复呼唤"光明"，表达了作者受教育前对光明的渴求。而文章的结尾处的"幸福"感受，作者虽有描述，但仍有发挥的空间。抓住这些言犹未尽的文字空间，变换情境，请学生发挥想象仿照"迷茫"片段，抒写"幸福的海伦"，去填补充实文本。这个环节，既有回顾和揣摩，也有对本文写法的进一步演练。另外，伴随着学生情感的投入，也让课堂充盈着情味，颤动着和鸣。

四、教学过程的动态调控

这堂课推进得很顺利，证明之前的学情分析是精准到位的，教学设计调整也是合理有效的。但是，在教学过程中，依然要时刻关注学生的学习状态，及时发现学生的困惑之处、不足之处，或有价值的生长点，把控教学的内容和节奏。

学生提前到齐。正如之前对学生学习态度的分析，他们朴实真诚，带着信任和期待，有明显较强的学习欲望。课前播放音乐《相信爱》给他们听，眼神抚过一双双清澈的眼睛，很多孩子都羞涩地笑了。

学生对文本也确实是熟悉的，建立在学生先期授课基础上的教学设计得以展开而不显艰涩。有关"再塑者"行为的语句很快就以接力的方式被——找出，每一个站起来朗读的学生都既不敷衍也不矫情。大家继而迅速聚焦海伦这个"生命体"。谈到海伦调动多种感官感知这个世界时，学生提到"暖和的阳光"，提到"盛开的金银花芬芳扑鼻"，提到流经手心的"清凉的水"……生命中那些细微的感观正在复苏。

谈到海伦学习过程中的百味杂陈，学生交流了成功的兴奋、分享的急切、顿悟的欣喜……他们认真地读、用心地品，很温暖、很仔细地走进海伦的内心世界。"脸都涨红"的狂喜、"就往地上摔"的冷漠等——字里行间那些不易察觉的情绪也被学生敏锐地抓住。不仅关注文本的内容，更关注文本的形式，不仅关注"写什么"，更关注"怎么写"。贴着文本细读，感受丰富生动的生命状态，我们发现了文字里的温情和感恩。

三个情感特别浓烈的句子，学生也顺利找到。这里调整了教学节奏，慢下来——朗读，做具体细致的示范和指导；赏析，结合精心选择的助读资料。希望学生能走进海伦的内心深处，和迷茫的、绝望的、幸福的作者对话，并激活自己的情感体验。

这个过程在微妙的弹性调控中进行，整堂课如江水一般流淌。比较遗憾的是，到"学以致用"环节，离下课已经仅剩五分钟，由读到写的延伸已来不及。于是再次调整教学策略，和学生简单交流可以选择的"幸福"的情境，然后将这个训练调整为课后的作业。

纵观整堂课的教学，这种教学策略的调整依然在延续。只有准确分析学情，寻求学生和教学内容的关联，才能有针对性地设计教学方案，满足学生的求知需求；也只有时刻关注学生，才能动态、灵活地把控教学走向，选择教学内容，掌握教学节奏。即便是二次授课，即便是并不新鲜的文本，在针对学情调整教学策略之后也能焕发出崭新的生命力。

基于不同层次学生的教学策略调整

——以《猫》为例

一、教学内容的确定

《猫》选自郑振铎的《家庭的故事》，讲述了一个旧家庭养猫的历程，语言质朴却寓意深刻。加之故事发生的年代距离学生较为久远，如何引导学生理解作者的情感，进而把握作品的主旨，成为本课教学的重点和难点。

阅读文本是理解作者情感与作品主旨的前提。学生的理解能力、欣赏水平、思维方式存在差异，这些事关阅读水平的差异使得学生的阅读结果往往不尽相同：或对人物情节的关注点不同，或对作品思想内涵把握的深浅不一，甚至还会出现脱离文本、曲解作者原意的"误读"情况。

为此，《猫》的教学中增加了问卷调查的环节，旨在了解学生的阅读水平，更有针对性地确定教学内容。

（一）问卷内容

问卷发放于第1课时扫清字词障碍的第一次默读之后，问卷的内容如下：

《猫》调查问卷

一、读完课文，你最喜欢哪只猫？为什么？

二、你认为作者写这个故事是为了表达什么看法或情感？

三、读完课文，你最想问什么问题？（最多只能选两项）

我最想问第（　　　）和第（　　　）个问题。

1. 第一只猫为什么忽然不活泼，消瘦，不吃东西了？

2. 为什么第三只猫"大家都不喜欢它"，但它亡失后，"我"却"更难过得多"？

3. 课文的主角是"我"还是猫？

4. 第三只猫亡失后，再养一只不就好了吗？为什么"永不养猫"？

5. "三妹"和"我"真的喜欢猫吗？

6. 第三只猫到底怎么死的？

7. 为什么详写三只猫，而不只写第三只猫就好了？

8．其他（请把问题写在横线上）：＿＿＿＿＿＿＿＿＿＿＿

四、请写出课文中你最喜欢的和最讨厌的人物，并说说为什么。

＿＿＿＿＿＿＿＿＿＿＿＿＿＿＿＿＿＿＿＿＿＿＿＿＿＿＿＿＿＿

＿＿＿＿＿＿＿＿＿＿＿＿＿＿＿＿＿＿＿＿＿＿＿＿＿＿＿＿＿＿

＿＿＿＿＿＿＿＿＿＿＿＿＿＿＿＿＿＿＿＿＿＿＿＿＿＿＿＿＿＿

（二）问卷各题情况汇总

A代表"阅读水平较高"，共52人；B代表"阅读水平一般"，共50人。数字代表人数。

第一题作答情况如下表。

	A	B
第一只猫	8	2
第二只猫	37	42
第三只猫	7	6

第二题作答情况如下表。

	A	B
读出"内疚""忏悔"	45	27

第三题选择情况如下表。

问题	A	B
1. 第一只猫为什么忽然不活泼，消瘦，不吃东西了？	29	25
2. 第三只猫"大家都不喜欢它"，但它亡失后，"我"却"更难过得多"？	4	7
3. 课文的主角是"我"还是猫？	5	3
4. 第三只猫亡失后，再养一只不就好了吗？为什么"永不养猫"？	8	15
5. "三妹"和"我"真的喜欢猫吗？	17	10
6. 第三只猫到底怎么死的？	32	26
7. 为什么详写三只猫，而不只写第三只猫就好了？	2	6
8. 其他（请把问题写在横线上）：＿＿＿＿＿＿＿＿＿	6	6

第四题回答情况如下表。

喜好选择	人物	A	B	原因
最喜欢	"我"	2	8	知错就改
	三妹	19	22	爱猫、关心猫
	张妈	12	6	有爱心，心地善良
	送猫人	0	2	给我们家带来了欢乐
最讨厌	"我"	18	19	不分青红皂白冤枉了猫
	三妹	3	5	第一只猫死了没几天就又养了第二只猫
	偷猫人	8	11	夺人所爱
	周家丫头	15	5	冷漠，不出手相救
	妻子	10	9	不分青红皂白冤枉了猫
	张妈	1	0	猫这么可爱，竟然"一向不喜欢猫"

（三）分析结果

1. 不同层次的学生对作者情感的把握程度存在差异

在初读课文之后，阅读水平较高的学生已经大体可以读懂作者自责、忏悔的情感。在"你认为作者写这个故事是为了表达什么看法或情感？"一题中，这类学生多数能写出"内疚""自责"的感情，仅有13%的学生未能对文意进行准确把握。而在阅读水平一般的学生中，未能准确把握作者情感的比例较高，46%的学生认为作者的情感仅仅是"喜爱"。

2. 不同层次的学生基于文本的思考深度存在差异

在"读完课文，你最想问的问题"一题中，阅读水平较高的学生对"'三妹'和'我'真的喜欢猫吗？"这个问题更感兴趣（32%），而阅读水平一般的学生中对此问题感兴趣的比例较低（20%）。

在对文中人物进行品评时，接近10%的阅读水平较高的学生能够注意到一些文中的细节并进行深入思考。例如，一个学生写道："'我'没有判断事情的真实性就妄下论断，使猫蒙冤，最后使猫死在邻居的屋脊上。当第一只猫生病的时候，'我'虽然发现了异常，但并没有带它检查一下，为它治病。第二只猫丢失的时候，'我'并没有着急寻找，而是希望猫能自己回来。这几件事说明，在养三只猫的过程当中，'我'并不是真正把它们当成家人来看待。"这样的人物分析说明，阅读水平较高的学生已经能够调动自身的生活经验来理解文本，并提出自己的看法。

二、教学环节的设计

基于以上对问卷回答的分析，针对不同层次的学生，《猫》第2课时的教学环节设计有以下两种：

一是针对阅读水平一般的学生：①填写表格，对比三只猫的外貌、性格、家人态度等信息。②分析原文的细节描写，揣摩"我"对三只猫的不同态度。③归纳"我"三次失猫的两种疼痛，亡失之痛与忏悔之痛。④人物评析，"寻找真正爱猫之人"——张妈。⑤主题探讨，对弱者的同情。

二是针对阅读水平较高的学生：①填写表格，对比三只猫的外貌、性格、家人态度等信息。②梳理"我"对三只猫不同的情感变化过程。③归纳"我"三次失猫的两种疼痛，亡失之痛与忏悔之痛。④人物评析，"寻找真正爱猫之人"——张妈。⑤主题探讨，对弱者的同情，强者的自省。

三、实际教学过程中存在的问题及改进措施

在实际教学的过程中，发现了一些问题，这些问题主要分为教学内容的取

舍和教学环节的推进两类。

第一，教学内容的取舍。阅读水平较高的学生，"梳理'我'对三只猫不同的情感变化过程"速度较快，重点可放在作品主旨分析。所以这一梳理环节可以侧重第三只猫，不必对三只猫平均用力。阅读水平一般的学生则需要在梳理环节多加引导，以免误读，"主题探讨"环节点到即止，不必过于深入。

第二，教学环节的推进。在问题设置方面，用于推动教学环节的问题可精简为几个主问题，由幻灯片展示；次问题及其他引导性问题可用于增加课堂互动，调动课堂积极性。语言品读方面，可以由学生自主寻找课文精彩片段，再进行朗读品味，增加课堂的语文味。

从学情评估看课堂教学的有效性

——以《老王》为例

　　《老王》是杨绛先生的一篇叙事性散文。作者叙述了自己与一位人力车夫的交往点滴，写了底层劳动者在不幸的生活境遇中仍不改善良淳朴的天性。笔者在处理课文时，将感受老王不幸的命运，把握老王忠厚善良的性格特点；将理解作者作为知识分子对底层劳动者的同情和关爱之情作为教学的重点，将作者对老王内心的复杂感情作为教学的难点。为此，设计了四个环节：①说说老王的命运及老王的为人表现。②有感情地朗读你最受感动的情节、印象最深刻的片段并说说感受。③理解作者内心的不安和愧怍之情。④和自己对话，关注自己身边的"老王"。原来准备用一节课来完成这些教学目标，后调整为两课时。本课的教学，有如下三点值得笔者思考：

一、教师对文本的解读引领是实现有效教学的前提和关键

　　教师应以一个学习者的身份，和文本以及文本后面的作者认真对话。细细地对文本加以研读，做好解读文本的第一人，高屋建瓴，方可引导学生正确解读文本，让阅读教学回归语文教学的本真状态，让学生在教师正确的引导下，用儿童的眼光走进成人的精神世界，主观能动地感受、理解、欣赏和评价语言文字，抵达文本解读的要义。要强调教师的引领作用，因为教师需要去选择意义、优化路径。教师深度解读文本的目的，不是代替学生的解读与理解，而是

为每一个学生的发展提供丰富的可能性。对教材文本的理解与价值判断是师生共同的心智体验过程，教学则是师生一起探索文本的意义与价值并在此过程中实现文本价值的最大化的过程。需要强调的是，教材文本的意义与价值虽然是开放的，却是有底线的。教师一方面是底线的守护者，另一方面是学生前行的促进者。当学生对文本的理解品味需要教师点拨深化或纠偏时，需要教师有独到而深刻的文本理解，围绕着教学目标而展开相应的教学内容，推进课堂的互动，生成更多的课堂现场资源。反之，教学的预设目标若出现偏差，教学实施过程中就有可能因没有领悟文本精髓而错失课堂生成的教学资源。

二、学情评估是课堂进行有效教学的基点

学情评估是有效进行课堂教学的重要依据之一。当时准备用一课时研习《老王》，一课时下来，教师想了解课堂中围绕着教学目标所进行研习的效果，于是，向一位基础较好的同学了解对课文的理解程度。这位同学说，老王给她的印象不是很深，只是觉得老王挺可怜的，人也好，但她还是对杨绛一家的善良有着更深的印象。这一说法，让教师大吃一惊，学生的理解重点不在感受老王品质的善良淳朴，而在杨绛一家的善良。这一专题的《老王》是反映社会底层劳动者品质的光芒的，尽管学生可以对文本作多角度的解读，但教师在教学的预设中必须明确自己的教学目标，从而引导学生进行正确的理解和感悟。另外，尽管学生对课文中作者流露出的善良有了一些体会，但还是没有真正理解作者多年来在善良行为的背后对自己灵魂深深的自责和内心的愧疚。

是的，杨绛一家是善良的。毋庸置疑，但在诚实的老王面前，这种善良是多么的渺小苍白，与老王至真至纯的人间真情相比，杨绛感到自己为老王所做的这一切是多么微小，甚至感到自己多少有些冷漠。尽管在当时来说，作者对待老王算是比较关心的一个，这也只是出于一个知识分子对待苦难人们的悲悯情怀，她的勇于反思、敢于自责，对自己内心的不宽容，对灵魂的拷问，是她人性光辉的所在，也是这篇文章最富有内涵的一个亮点。探讨作者在文中表现出来的情感，是教学难点，需要对文本进行深入细致的解读。可是，学生并没

有真正深入文本，重点解读出老王的高尚人格，并没有理解作者对老王的深厚感情只是一种衬托，以表达出作者内心的极大愧疚。于是，调整了教学计划，再用一节课的时间引导学生体会作者内心深处的不安和愧怍，尽管过去了几年，但我们可以想象，作者每当想起老王，这种感觉并没有随着时间的流逝而淡忘，面对着这样一个重情重义的孤单老人，他能在生命垂危之际带着无法用金钱衡量的世界上最贵重的礼物来感激自己，而"我"却为他做了什么呢？作者内心的自责，更烘托出了老王的高大。

于是，教学上把重点放在如何把握作者这份独特的情感上，要求学生从课文中细细体会，注重自己的生活体验，理解"但不知为什么，每想起老王，总觉得心上不安，那是一个幸运的人对一个不幸者的愧怍"，然后让学生来谈谈理解。

学生一：从这句话中看出杨绛内心对老王的愧疚、自责。杨绛当时没能理解老王这一行为的真实意义。老王朴实行为所散发出来的情是至真的、至纯的，是毫无污秽的，是极其淳朴的善良。然而，杨绛在老王死后几年才渐渐明白，所以杨绛感到对不住老王。

学生二：老王在病危之时，还拿着如此贵重的礼物去送给作者，他只是单纯地怀着一颗感恩的心想去谢谢这么久以来对他关心的作者一家，而"我"不仅用钱去亵渎了他的好意，而且并没尽"我"的全力去帮助老王，因此感到愧怍。

学生三：现实中，杨绛夫妇并没有给予老王太多的关怀，只是在坐车的时候说着闲话，在老王生病期间，并没有去看他，但老王对他们心存感激，在临死的前一天竟然拿着自己平常节省下来的鸡蛋和香油送给杨绛，而杨绛夫妇并没有用自己的实际行动来善待他，所以历经几年，杨绛感到自己很愧怍。

学生四：作者对老王之死只是表面上的关心，文中"我"也不懂，"没再多问"，就体现了老王在作者心中的地位不是很高，正是因为这一点，作者感到十分内疚。老王是真的用心待她，可以将自己宝贵的东西拿出来无私地给作者，而作者自己又为他做了什么呢？仅仅只是觉得有这么一个可怜的人，同情他，却没有真心付出行动！故作者在内心深处有着恒久的愧疚。

学生五：幸运与不幸总是相对的，也许在我们看来，当时的杨绛夫妇也并不幸运，但相比老王而言，作者又感到自己是如此幸运，所以她感到在老王有生之年，自己并没有给予他足够的帮助，与这位淳朴、真诚、善良的老三轮车夫相比，自己是如此惭愧，不免在内心涌现出不安和愧怍，所以作者呼吁那些幸运的人们，在生活中，将自己更多的爱奉献给更多不幸的人。

学生的理解在相互碰撞中对文本的理解渐渐深入了，能结合课文的具体语句来谈感悟，从时间的跨度、表现的平淡到精神的呼吁等方面来探究作者内心的不安和愧怍，从学生的谈话中能明显感觉到学生的理解更加细腻了，课堂也在学生的互动中显现出生成的精彩。根据反馈的学情，评估教学的效果，是教师处理教材水平的体现。教师每教一篇课文，都不能硬性规定学生在一定时间内完成任务，因为课堂是动态的，充满着变数。而且，教师的理想期望和学生对文本的理解有可能存在差距，教师在时间的支配上应有更大的、灵活的处理空间，充分发挥教材的文本价值取向，让学生在学习一篇课文后，触动内心深处的情感，在感受人物品质的同时净化和提升自己的内在品质。通过学情评估，教师能更准确地了解在处理教材时的定位及达成的效果，并提高处理教材和落实教学目标的有效性。

三、有效教学必须引发学生的探讨和内化

要提高课堂教学有效性，必须有学生思维的积极参与。学生是学习的主体，学生是用自己的思维、经验来参与文本的解读，需要用自己的心灵来和文本对话，并通过学生间的交流与研讨，让学生在自我理解与倾听他人中构建自己的知识。

（一）激发学生的疑问并引发讨论

教师的主导作用体现在引导学生和文本、作者对话，而不是让教师与作者对话的结论去影响学生与文本、作者的对话。因此，教师在课堂中，要营造出问题探讨的背景和气氛，激发起学生提出问题的欲望，让学生在研习中闪现思

维的火花，主动发问，在探讨中碰撞出更多的智慧。

在研习老王病重时提着鸡蛋和香油来感激作者这一情节时，学生就提出了一个问题：老王病得这么严重了，为什么还要把鸡蛋和香油送给杨绛一家而不留着自己吃呢？

学生一：这是因为老王的善良。他认定杨绛一家是好人，作者一家对他好，他铭记在心，要知恩图报。在临死前，他提着自己身子也很需要的鸡蛋和香油来看他们，是来表达自己对他们一家的感激之情。

学生二：老王虽然身世可怜，由于残疾导致生活的艰辛，但老王是一个善良、知恩图报的人，他对杨绛一家的恩惠至死前都无法忘记，可能那满满一篮的大鸡蛋和好香油是老王好不容易积攒下来的，他自己在病危之际都不忘报恩，可见老王心灵之纯美。

在研习了作者内心的不安和愧疚情节后，学生又生成了新的问题：我觉得刚才讨论的重点是杨绛对自己灵魂的拷问，尽管过去几年了，但内心的自责一直伴随着，从而显现了一个知识分子心灵的高尚，而这一内容和底层劳动者品质的光芒有何关系？

学生经过讨论，明白了文章的重点所在：正是杨绛内心深处的自责和内疚，记忆越深，就越说明老王的品质对她的深刻影响，反衬出底层的、不幸的老王心灵的高尚给作者带来的深深震撼。

（二）引发学生的心灵感受

在充分感受老王人物形象的基础上，教师让学生由感受老王的人生拓展到对自己内心的感悟，触发学生不同的生活体验，鼓励学生表达自己个性化的情感。

学生一：老王，一个身患残疾的贫苦的老百姓，对杨绛一家掏心掏肺的报恩，不觉让人心酸。在老王面前，自己是一个多么渺小的人啊。

学生二：《老王》一文，深深地触动了我的心弦。也许在那样的社会里，杨绛和钱钟书夫妇是善良的，他们对待别人的关怀是难能可贵的。但相对于老王，那是无法相比的，老王身心都受摧残，却仍抱着一颗善良、感恩图报的心去对待他人，总是为他人着想。

学生三：不仅仅是老王那高尚的品质感动了我，作者的情感也使我深受感动。对一个不起眼的底层劳动者，作者不仅没有鄙视他，还关怀他，文末还感到对不起他，这种情感是一般人所不具备的。

学生四：老王这一窘迫、生活在社会底层的不起眼的三轮车夫，以他那种乐观积极的生活态度，善良诚实的生活作风，知恩图报的人格魅力深深地打动了我。更让我明白，情与钱永远不可能简单地画上等号，因为再多的金钱也买不来一份真情。或许物质生活对人来说是重要的，也是不可或缺的。但有时候精神的帮助会给人以更大的激励，千万不要忽视了一句话的作用，虽然话语简短，甚至缺乏修饰，但它却能表达对别人的关爱。

学生五：校门口经常坐着一个老奶奶，满头白发，手中拿着一个她自己的饭碗，不时地向同学乞讨，可是我们毕竟是初中生，并没有多少钱，于是只能视而不见，快步离开，我也只能从心底默默承认自己的关爱并不够，表示愧怍。

学生六：我是一个幸运者，比老王幸运几百倍，所以在以后，我更应该尽我所能去帮助那些不幸的人，不仅仅是物质上的帮助，精神上的帮助更重要。

文学作品的价值取向是对人情感的潜移默化、心灵的无声熏陶。教师必须有课程意识，课堂要在动态的过程中承担情感启迪和价值观指引的任务，充分引发学生的心灵对话，让学生发自内心的多角度感悟成为学生精神生活的宝贵财富，并让学生在分享中完善自己的心智。唯有这样超越文本的心灵交流，才是课堂有效教学的最好体现。

下 篇

案例实践

第四章

初中语文诗歌阅读教学案例

《天净沙·秋思》教学案例

【教材分析】

本节课为1课时，是部编版义务教育教材七年级上册第一单元《古代诗歌四首》中的内容。马致远的这首散曲《天净沙·秋思》描写景物意境优美，语言凝练，流畅自然，是一首值得反复吟咏、细细品味的佳作。全文仅5句，28字，纯用白描勾勒景物，但做到了简约与深细相依，静景与动景相映，景色与情思相融。本内容的教学重难点是，朗读、背诵《天净沙·秋思》，理解《天净沙·秋思》所描写的意象和表达的思想感情，培养学生对古诗文的欣赏能力，激发学生读古诗文的兴趣。

【学情分析】

本节课的教学对象是初一年级的学生，这是教师从学生进入初中之后的一节利用多媒体进行词曲教学的尝试。农村学生对古典诗文学习不多，古典诗文教学需要情境的引导和调动。学生对词曲不熟悉；古诗文欣赏水平不高；需要及时利用各种素材引导学生进行联想和想象，以培养学生的创新意识和创造精神。

【教学目标】

知识与技能：

1. 了解元散曲中小令的特点。

2. 熟读成诵并默写课文，积累描写"乡愁"的诗文。

3. 培养学生对古诗文的诵读能力和欣赏能力。

过程与方法：

1. 引导学生进行反复吟咏诵读，并通过反复吟咏诵读，能正确说出作者寄寓在小令中的思想感情。

2. 通过画面的赏析，准确描述小令表现的形象，体会形象中蕴含的意境。

3. 理解《天净沙·秋思》所描写的意象，重点体会景物描写的作用。

情感、态度与价值观：

1. 感受《天净沙·秋思》所表达的思想感情——乡愁。

2. 感受中国古典诗词的美，激发学生读古诗的兴趣及对祖国古典文化的热爱之情。

【教学策略】

教学中为避免空洞、枯燥的讲解，宜采用多种形式结合的教学方式：让学生通过诵读、配画、欣赏、改写等形式来学习课文，让学生在读、看、说、写中受到熏陶，培养能力。具体做好以下三点：①以朗读训练为重点，体会寓情于景的写法，认识古诗文的美。②通过图片，训练想象、联想，培养创新意识和创造精神。③运用信息技术与语文学科整合的方法，即在本节课中信息技术成为创设情境的工具；为学生提供丰富的资源信息加工的认知工具，从而形成新的学习方式，并掌握运用新的学习工具。

【课型设计】

品读欣赏课。

【教学环境】

多媒体环境。

【资源准备】

PPT课件。

【预习要求】

了解作者及"曲"的有关常识。

【教学过程】

(一)导入

在中国古代文学中,宋诗不仅继承了唐诗形成了独具的特点,而且有宋词的兴起。到了元代,另一种新兴的体裁则是曲。唐诗、宋词、元曲互相辉映,成为我国文化艺术中的瑰宝。有谁能说说有关"曲"的常识?教师根据学生回答情况并小结,之后投影关于"曲"的常识。关于"曲":曲是继诗、词而兴起的又一种古典诗歌体裁。它是配乐歌唱的诗。曲有散曲与剧曲之分。只供清唱吟咏之用,不进入戏剧的散篇作品,叫散曲;进入戏剧的唱词,称剧曲。散曲包括散套和小令两种。

今天,我们要学习的马致远作的曲《天净沙·秋思》,就属散曲中的小令。我们说说马致远,谁来?马致远,字千里,号东篱,元代戏曲作家、散曲家,有"曲状元"之称。他的散曲描写景物意境优美、语言凝练、流畅自然。

马致远年轻时热衷功名,但由于元统治者实行民族高压政策,因而一直未能得志。他几乎一生都过着漂泊无定的生活,困窘潦倒一生,于是在羁旅途中写下了《天净沙·秋思》这首散曲,这也是他的代表作,该作描写景物意境优美、语言凝练,是一首值得反复吟咏、细细品味的佳作。

师解题投影出示:天净沙是曲牌名,秋思是题目。"秋思"——"秋天的思念(思绪)"。此曲是元代小令中的名篇。因为这首小令,马致远还被称为

"秋思之祖"。

（二）诵读，整体感知诗歌内容

1. 指导学生朗读

古人说，"书读百遍，其义自见"；现代有专家说，"读书是与作家对话"。所以，读书的过程是走进作家的内心世界的过程，让我们以朗读这首小令来走近马致远，亲近这位名家，读懂这片漂泊羁旅的游子之心。

下面请大家听一遍朗读，并画出节奏。

天净沙·秋思

马致远

枯藤\老树\昏鸦，

小桥\流水\人家，

古道\西风\瘦马，

夕阳\西下，

断肠人\在\天涯。

师：这首小令一、三、五句押尾韵"a"，二、四句押尾韵"ia"，读来朗朗上口，大家喜欢吗？我们再感受一下（再听范读）。前三句是典型的整句排列，结构相同、字数相等、句式工整，要读出一气呵成、淋漓痛快的酣畅美和明快的节奏感。试一试。最后一句是散句，要读得曲折跌宕，读出落拓无助的生存境遇。试一试。再一起把整首小令朗读一遍。这样朗读我们就能感受到它整散相间、长短结合的形式美。

放声朗读。力求读出感情（提示：朗读应讲究抑扬顿挫，在朗读中要想象诗中的画面，体会诗人的感情，与诗人同悲同喜）。

2. 课文解读与欣赏

理解作者的思想感情、深入体会诗中的意境，感受作品的意境美。

教师分别出示以下五个画面，让学生根据画面读出诗句，再说出诗的意思。

枯藤老树昏鸦,

枯藤缠绕着老树,树枝上栖息着黄昏时归巢的乌鸦。

小桥流水人家,

小桥下,流水潺潺,旁边有几户人家。

古道西风瘦马,

在古老荒凉的道路上,秋风萧瑟,一匹疲惫的瘦马驮着我蹒跚前行。

夕阳西下,

夕阳向西缓缓落下。

断肠人在天涯。

悲伤断肠的人还漂泊在天涯。

再朗读。

师:下面我们再次感受这篇小令的意境美。提示:怎样的景?怎样的人?怎样的情感?

有人说,"诗中有画,画中有诗"。先请同学们散读一遍,说说你脑海中有怎样的画面?请以"我仿佛看到了……"为开头,说说诗句在你脑海中再现的画面。学生可能再现出的画面有:

几根枯藤缠绕着一棵棵秃树,那凋零了的黄叶在萧萧的秋风中瑟瑟地颤抖,黄昏的天空中点点寒鸦,声声哀鸣……一片悲凉的秋景。在作者的眼前呈现出一座小桥,桥下小溪潺潺的流水,不远处还有升起袅袅炊烟的农家小院,那里有安居乐业的人们。在萧瑟的秋风中,在寂寞的古道上,饱尝艰辛的游子骑着一匹瘦瘦的老马,在夕阳西沉的余晖中,向远方蹒跚(jǔ)而行。

师:请想想为什么会有这些画面?即画中有怎样的人,传达出怎样的情感?

明确:人们常说,"所有景语皆情语"。因为"断肠人在天涯",在天涯的断肠人的精神家园已化作了一片荒芜,他眼中的景自然是满目萧然。于是作者眼中的藤、树、马、水都是萧条的、凄凉的、无助的,其实是人的落拓与哀愁的写照,这是以景托情、融情于景。这景无疑传达出浪迹天涯的游子的思乡之情，这景与人、境与情、自然意象与社会境遇，和谐地统一于这首小令中，充分地道出了游子羁旅之悲。请大家齐声诵读，让我们将景语化为情语，体验体验游子的悲苦与心酸。（朗卖）

师：通过朗读，真正体会到了作者穷困潦倒、孤苦无依、颠沛流离的凄苦情思，感受到了作品的崇高美与悲壮美。

（三）品味，体会独特的意境和奇特的表现手法

1. 思考

（1）曲中哪些语句写景？写了多少种景物？请用"_____"画出来，并用"（   ）"括出这些景物特征的修饰语。

（2）小曲表现了作者怎样的感情？文中哪句是抒情？抒发了一种怎样的情怀？这种情怀与曲中的景物描写有何关联？

2. 品味语言，体会独特的意境和表现手法

作者写景，既不夸张，也不用典，纯用白描勾勒，语言凝练，言简义丰，给读者留下了无尽的想象空间，请你张开想象的翅膀，遨游其间。

让学生用"从_____（词或句）中，我感受到了（看到了或想到了）_____"的句式进行表达，品味意境，填补作者留下的艺术空白。

或用"我认为_____用得好（或写得好），好在_____"的句式，体会其奇特的表现手法。

学生可能有如下答案：

从"枯藤老树昏鸦"这句的景物描写中，我感受到了秋的凋零和凄清。深秋时节，藤蔓枯萎了，树叶飘落了，只剩下光秃秃的枝丫，树梢上乌鸦凄厉的叫声，更增添了悲凉凄楚之感……

从"古道西风瘦马"这句的景物描写中，我看到了一位长途跋涉的游子，骑着一匹瘦马，在枯黄连天的野外艰难行进，一阵冷飕飕的秋风袭来，使他不由得打了一个寒噤，倒抽了一口凉气……

从"夕阳西下，断肠人在天涯"这句中，我感受到了这位游子在异域他乡的痛苦之情。此刻，太阳快要落山了，乌鸦也归巢了，他却不知家在何处，也

113

不知该向何处去，任马追着落日，漫无目的地行进……一股忧郁悲怆的思乡之情涌上心头，令他肝肠寸断、痛苦不堪……

我认为"枯、老、古、瘦……"这些表现景物特征的修饰语用得好，好在它们表现了深秋时节这些景物的特征，使各个事物都带上了鲜明的个性，极具表现力，如一个"瘦"字写出了马的羸弱、疲惫无力，那骑在马上的人呢？

……

对于想象力丰富、语言有独创性的学生要及时表扬。

以上问题可能需要教师补充的有：

寓情于景，运用景物创造一个十分典型的环境，深秋的黄昏，野外一片寂静，几只归巢的乌鸦栖息在缠着枯藤的老树上。这是一组令人感伤的景物，渲染出悲凉的气氛，烘托出游子孤寂、痛苦的心境，看到归巢之鸦，怎不让人心生思乡之情呢？看到"小桥流水人家"，以乐景衬悲情，自然又增一分思乡之情。

构思精巧，句法别致。全曲五句，28字，容量极大，描绘出一幅绝妙的秋野夕照图。18字，九种物象，一词一景，无一个动词，连缀巧妙，构成一个整体。因而，王国维说它"深得唐人绝句妙境"。同时，对后人影响很大。

展开你想象的翅膀，再次配乐朗读课文，体会悠远的意境。

（四）迁移拓展

对比朗读《乡愁》与《次北固山下》，体味其不同的思想感情与意境。

课外搜集诗词中有关描写"乡愁"的诗句，理解用具体的意象表现抽象的思想感情的方法。

（五）布置作业

学习将《天净沙·秋思》改写成一篇简短的写景、抒情散文。要求：紧扣原作，展开想象，尽量填补作者留下的艺术空白；或用自己的语言描述你心目中的《秋思》并作文。

【教学流程】

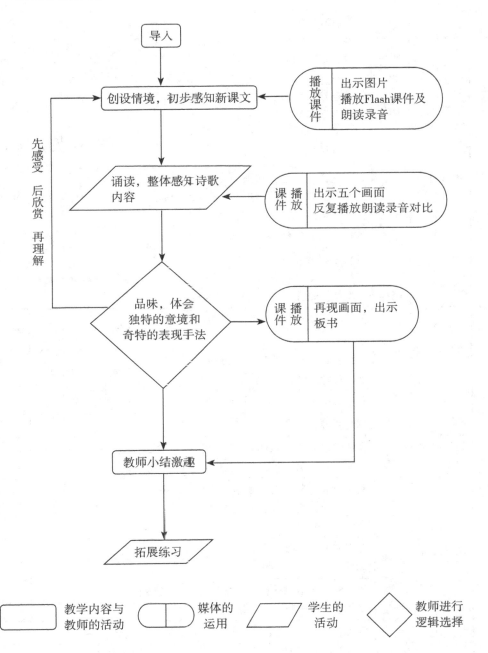

【教学评价设计】

教学设计成果评价量表如下。

一级指标	分值	二级指标	等级			
			优	良	中	一般
概述	5分	说明学科、年级、教材版本、学习的内容和本节课的价值及重要性	5分	3~4分	2分	0~1分
学习目标分析	15分	从学生角度确定教学目标，目标阐述清楚、具体，可评价	5分	3~4分	2分	0~1分
		结合新课程标准，知识、技能、过程和情感体验并重，重视学生多元智能和创造性思维的培养	5分	3~4分	2分	0~1分
		处理好课标要求和拓展之间的关系	5分	3~4分	2分	0~1分
学习者特征分析	10分	分析学习者起点能力，包括认知能力特征分析、认知结构分析、特定的知识和能力基础特征分析	5分	3~4分	2分	0~1分
		分析学习者的学习态度、学习动机和学习风格	5分	3~4分	2分	0~1分
教学策略分析	15分	有创新，符合学科特点、能激发学生的兴趣，符合学生的年龄特征	5分	3~4分	2分	0~1分
		教学方法和策略可操作性强，便于实施	5分	3~4分	2分	0~1分
		目的明确、阐述清晰	5分	3~4分	2分	0~1分
媒体的选择与设计	5分	媒体容易获得，媒体选择与设计符合学习者特征和教学的要求	5分	3~4分	2分	0~1分
教学过程设计	20分	教法上有创新，能激发学生的兴趣，符合学生的年龄特征，有利于学生的学习以及高级思维能力的培养	5分	3~4分	2分	0~1分
		方案简单可实施，对教学环境和技术的要求不高，可复制性强	5分	3~4分	2分	0~1分
		各个教学环节描述清晰，能反映教学策略以及师生的活动	5分	3~4分	2分	0~1分
		格式规范	5分	3~4分	2分	0~1分
教学评价	10分	注重形成性评价	5分	3~4分	2分	0~1分
		有明确的评价标准，提供了评价工具	5分	3~4分	2分	0~1分

一级指标	分值	二级指标	等级			
			优	良	中	一般
教学资源	20分	资源符合学习者的特征、有利于主题的表达和目标的教学	5分	3~4分	2分	0~1分
		资源内容丰富,并且正确、科学	5分	3~4分	2分	0~1分
		表现形式合理、简洁明了、具有很强的表现力	5分	3~4分	2分	0~1分
		尊重知识产权,说明资源来源和出处	5分	3~4分	2分	0~1分

【课堂评价】

本节课从以下几个方面对学生课堂表现进行评价:

第一,评价内容:课堂表现评价、学习效果评价(课堂学习效果评价+作业)。

第二,评价方式:自评、小组评、教师评相结合,学生课后访谈,教师访谈,定量评价与定性评价和反思相结合。①学生自我评价:学生学习过程中对自己的表现给予肯定,也是一种自信心的表露。②教师评价:这里是指教师根据学生的综合表现,以及小组完成的作品进行一个全面的评价,提高学生的自信心和积极性。

(注:在评价中应尽量采用描述性的方式,不应按分数给学生排队。)

(一)课堂表现评价表

学生课堂表现评价量表如下。

项目	A级	B级	C级	个人评价	同学评价	教师评价
认真	上课认真听讲,作业认真,参与讨论态度认真	上课能认真听讲,作业依时完成,能参与讨论	上课无心听讲,经常欠交作业,极少参与讨论			
积极	积极举手发言,积极参与讨论与交流	能举手发言,能参与讨论与交流	很少举手,极少参与讨论与交流			

续 表

项目	A级	B级	C级	个人评价	同学评价	教师评价
自信	大胆提出和别人不同的问题，大胆尝试并表达自己的想法	能提出自己的不同看法，并做出尝试	不敢提出和别人不同的问题，不敢尝试和表达自己的想法			
善于与人合作	善于与人合作，虚心听取别人的意见	能与人合作，接受别人的意见	缺乏与人合作的精神，难以听进别人的意见			
思维的条理性	能有条理地表达自己的意见，解决问题的过程清楚，做事有计划	能表达自己的意见，有解决问题的能力，但条理性差些	不能准确地表达自己的意思，做事缺乏计划性、条理性，不能独立解决问题			
思维的创造性	具有创造性思维，能用不同的方法解决问题，独立思考	能用老师提供的方法解决问题，有一定的思考能力和创造性	思考能力差，缺乏创造性，不能独立解决问题			
我这样评价自己：						
伙伴眼里的我：						
老师的话：						

注：①本评价表针对学生课堂表现情况做评价，用于课堂中评价。②本评价分为定性评价部分和定量评价部分。③定量评价部分总分分为A、B、C三个层级，最后取值为教师评、同学评和自评层级按比例取均值。④定性评价部分分为"我这样评价自己""伙伴眼里的我"和"老师的话"，都是针对被评学生做概括性描述和建议，以帮助被评学生进行改进与提高。

（二）小组成员的评价

小组成员评价量表如下。

对小组成员的评价	A（优秀）	B（良好）	C（合格）	选答
小组成员工作态度情况	积极	较积极	应付式	
小组成员完成工作过程	迅速	按时完成	不能按时完成	
小组成员交流讨论过程	有交流讨论	有交流	没有交流	
小组成员的学习态度	主动性强	较主动	一般	

（三）学生课后访谈表

学生课后访谈表

姓名_____ 性别_____ 学校_____ 班级_____

1. 你能不能跟老师讲讲你今天在语文课上学了什么？你能完成课后练习题吗？

2. 你能不能把你今天语文课上学到的学习方法介绍给老师呢？这和你平时的学习方法一样吗？你喜不喜欢这样的学习方法，为什么？

3. 今天在网络教室上课和平时在普通教室上课有什么不同？你更喜欢在哪里上课，为什么？

4. 上完这节课，你对教你的这位老师满意吗？为什么？

5. 在这节课中你对哪位同学的表现最为欣赏？为什么？

（四）听课教师课后访谈表

听课教师课后访谈表

姓名 _____

1. 请您对本节课的教学策略实施情况做一个点评。

2. 您觉得今天的课上，学生掌握了本课的教学目标了吗？您是如何确定的？

3. 您认为本节课教师主导作用发挥得比较好的地方有哪些？不足之处呢？

4. 您认为本节课的教学过程安排是否妥当？您觉得讲课教师在时间处理上是否合适？

5. 您认为听完这一节课后对您个人而言有什么收获呢？

6. 您对本节课还有哪些好的建议呢？

（五）学生的课后反思

上完本次课，你有什么感受？收获了哪些？你觉得自己还可以做哪些改进？比如在课堂参与方面，比如在练习方面……（教师根据学生反思深度给分）

【交流与思考】

教学中欣喜地看到学生有着那么敏锐的观察力，那么丰富的想象力和创造力，他们对课文及插图有自己独特的理解，让教学有了独辟蹊径的纵深发展。想起以前的诗歌教学，唯恐学生不能体会其中的妙处，啰里啰唆，最后倒弄得意境全无，诗歌欣赏成了理性的知识图解，本节课教学巧妙地运用了教材中的资源，话语不多却尽得文章真意。可以说本案例切实体现了"重在自主、重在发现、重在探究"的教学理念。

（一）以学生为主体，尊重学生的参与意识

本节课中学生的鉴赏活动贯穿教学的始终，无论是对文本的解读，还是对诗歌意境的感悟，都不是由教师直接传递、告知的。在课堂上学生拥有充分的鉴赏权和发言权，教师自始至终没有干涉学生的学习行为，而只是在教学的组织上做了适当引导，教师成了课堂的引导者、开发者与欣赏者。整个教学片段中，由于教师尊重学生的独特感受，尊重学生的参与意识，重视学生在课堂上的质疑、交流、争辩和探讨，从而激发起学生浓厚的学习兴趣，使学生产生了强烈的求知欲望，学生在师生共同创设的情境中积极、主动地参与教学过程，思维处于异常活跃的状态，充分体现了"以学生为主体"的教学新理念，使课堂真正成为学生自主学习的场所。

（二）体现开放式教学理念，重视学生的实践与探究

美国教育家杜威说过："知识的目的不在于知识本身，而在于学生自己获得求知的方法。"在上述教学片段中，教师不拘泥于现成的教学设计，而能准确把握住教学的动态过程，敏锐捕捉到学生思维的闪光点，充分尊重了学生的自主发现、自主感悟，学生亲历了知识的发生、探究与创造的过程，最终产生了属于自己的"活化"的知识。在用自己的话语描述诗歌意境时，学生参与意识强烈、思维敏捷，其优美而生动的语言更是令人赞叹，这离不开教师运用的开放式教学、开放式评价。开放使学生拥有了较自由的学习空间，开放使教学多了一份主动、多了一份生动。

（三）营造氛围，珍视学生的成功体验

第斯多惠曾说过："教学的艺术不在于传授的本身，而在于激励、唤醒和鼓舞。"在整个教学片段中，教师始终以平等、鼓励的对话方式营造出自由、和谐的教学氛围，适时点拨、热情鼓励，使学生能以极大的热情大胆地投入创造性的学习活动。学生在探究图片的瑕疵时，时而疑惑、时而顿悟，教师则时而赞许、时而期待，从而有效激发起学生积极求知的欲望，显示出了较高的思维、探究潜力。实践证明只有处在自由、民主、和谐的学习氛围中，学生才能情绪高昂地乐于参与、乐于探究，才能最大限度地激发学生学习的兴趣，享受到成功的体验。

罗丹说过，"生活中不是缺少美，而是缺少发现美的眼睛"，上述教学片段表明：学生的头脑不是等待灌装的容器，而是等待我们去点燃的火把，学生是有思想、有创造精神的。教学中教师要能弯下腰来，聆听学生的心声，放飞学生心灵的翅膀，重视学生的发现和探究。

《卖炭翁》教学案例

【教学目标】

1. 初步学会赏析这首古诗。
2. 感受白居易同情百姓疾苦的思想感情。

【教学重难点】

品析、诵读、积累诗句。

【教学过程】

复习学过的前两首唐诗，先齐声背诵，再提问（出示幻灯片）：第一首诗的体裁是什么？第二首诗的体裁是什么？第二首诗中表现诗人喜极而泣的句子有哪些？第二首诗中表现家人和诗人狂喜之态的句子有哪些？第二首诗中表现诗人喜极而歌的句子有哪些。

明确：绝句与律诗的不同。

导入：再学另一类体裁，乐府诗《卖炭翁》（板书课题），这一单元之前我们已经学过了一篇乐府诗体裁的文章是什么？《木兰诗》。

补充介绍：古代主管音乐的官署称为"乐府"，后来人们将乐府采集或创作的诗篇称为"乐府诗"。

白居易简介（择要写入幻灯片）：白居易，字乐天，唐代著名诗人，自号香山居士，唐元和年间任左拾遗，因得罪权贵，被贬为江州司马，后改任杭州刺史、苏州刺史，官至刑部尚书。在文学上，白居易主张"文章合为时而著，歌诗合为事而作"（文章应该为了反映时代而写，诗歌应该为了反映现实而作），是新乐府运动的倡导者。白居易留给后人的诗近三千首，著作有《白氏长庆集》，《卖炭翁》就选自其中。

（幻灯片显示：白居易，字乐天，自号香山居士，主张"文章合为时而著，歌诗合为事而作"，著有《白氏长庆集》。）

播放课文录音，要求学生边看课文边认真听录音。

教师串讲课文（讨论式），问：这是一首叙事诗，到底叙什么呢？（让学生看注释①回答）什么叫"宫市"呢？

明确：所谓"宫市"，就是宫廷派宦官（也叫"太监"）到市上去购买物品，任意勒索、掠夺。名为"宫市"，实际上是一种公开的掠夺。是一种极其残酷的剥削方式。

这首诗揭露了这种残酷的剥削方式。它记叙了卖炭翁烧炭送炭以至被掠夺的经过。那么什么地方写烧炭，什么地方写卖炭送炭，什么地方写被掠夺，请同学们齐声朗读课文。

（师生读毕）问：文中写了哪两种人？明确：卖炭翁，宫使。

指名读诗的前一段（读时要求读准字音）。

问：开头一句交代卖炭翁伐薪烧炭的地点在哪里？为什么要这样交代？

明确：地点是在长安附近的终南山上。也为下文埋下伏笔，说明路远，下雪天的山路必然难行。

问："满面尘灰烟火色，两鬓苍苍十指黑"从什么角度刻画卖炭翁？

明确：外貌。着重从颜色加以点染，"满面尘灰"指脸上的颜色，"苍苍"（灰白色）指头发耳边鬓角的颜色。"烟火色""十指黑"说明烧炭艰辛。

为什么这样写？这样写形象逼真地刻画了老人悲苦的形象，表现老人烧炭的艰辛，说明炭的来之不易。

"卖炭得钱何所营？身上衣裳口中食。"先自问，后自答，说明老人艰辛烧炭，为的只是维持活下去的最低水准——"身上衣裳口中食"，即温饱而已。

"可怜身上衣正单，心忧炭贱愿天寒。"这句从什么角度刻画卖炭翁的心理？可怜自己身上却"衣正单"，"衣单"总该盼天气暖和吧，可老人却"愿天寒"，希望天更冷些。因为老人知道：天暖，炭就贱了；天寒，炭价就会更高一些。为了炭价高一点，他宁愿自己受冻。

这种矛盾反常的心理活动，深刻地揭示了卖炭老人的悲惨处境。

读："夜来城外一尺雪，晓驾炭车辗冰辙。牛困人饥日已高，市南门外泥中歇。"

问："一尺雪"说明什么？

明确：雪大，路必难行。

这两句又是从什么角度来写卖炭翁的行动？

问："衣正单"的老人为什么要在最严寒的拂晓就"驾炭车"而行呢？

明确：说明老人满怀希望，想卖个好价钱，实现"衣食"的愿望，卖炭心切。

问："辗冰辙"说明了什么？

明确：说明冰冻路滑道难走，车速必然很慢。

由于路途遥远，行路艰难，所以到"牛困人饥日已高"的时候，才到了"市南门外"，老人疲劳、饥饿交迫，只得坐下在泥中歇息。

问："牛困人饥日已高，市南门外泥中歇。"这一句哪几个字写出了运炭的艰辛？

明确："困""饥""歇"三个字进一步形象、准确地写出了运炭的艰辛。烧炭难，运炭也难，这一车炭来得多么不容易啊！

朗读第一部分，教师小结：这一节写卖炭翁烧炭、运炭的艰辛。作者分别从外貌、心理、行动三个方面刻画卖炭翁的悲苦形象，同时也表现了诗人对底层劳动人民的深切同情的思想感情。

指名读课文第二部分。这一部分诗人掉转笔锋，故事情节也急转而下。

"翩翩两骑来是谁？"先用设问句引出了两个人，这两个是什么样的人呢？"黄衣使者白衫儿"，作者通过对他们衣着（"黄衣""白衫"）的描写，点明来者的身份，原来是宫使和他的爪牙。

问："翩翩"一词写出了他们什么样的情态？（引导学生看课文插图）

明确：轻快而又趾高气扬的神态。

学生回顾卖炭翁又是一副怎样的形象（结合第一节的外貌描写的字句以及再次对照插图）。

这就同蓬头垢面、老态龙钟的卖炭翁形成了鲜明对比，接着写他们的行为，"手把文书口称敕，回车叱牛牵向北"。

问：找出描写他们行动的动词，从这些动作中说明了什么？

明确：动词有"把""称""叱""牵"。从这些描述中，形象逼真地写出了他们蛮横无理的强盗行径。

"一车炭，千余斤，宫使驱将惜不得。""千余斤"，言炭的数量之多，暗示卖炭翁付出的血汗之多。

问："惜不得"写出卖炭翁怎样的心态和地位？

明确：写出了卖炭翁忍气吞声、无可奈何的心态，也说明他是处在受压迫受剥削的无力反抗的地位。

千余斤的炭换回来的是什么呢？"半匹红绡一丈绫，系向牛头充炭直。"

"半匹""一丈"极言其少，与"千余斤"的炭形成强烈的反差。再说这些无用的绡、绫对卖炭翁来说，既不能充饥，又不能遮体。卖炭翁的辛苦就这样付诸东流，满怀的希望就这样成了泡影。

宫使夺走卖炭翁的岂止一车炭！而是夺走了老人生活的希望，剥夺了他生活的权利。

这一切都是谁造成的？可怕的宫市制度！

学生朗读第二部分，从中细加体会。深刻地揭露了宫市给人民带来的深重灾难。

教师小结归纳：（主题思想，先让学生根据板书说一说）

这首诗运用了对比手法，前一诗节写卖炭翁老人的贫穷艰辛，后一诗节写宫使的公开掠夺，在对比中揭露了宫市的黑暗，表达了诗人对劳动人民的同情。

师生有感情地朗读全诗。

教师布置作业：背诵并默写这首诗；完成课后练习五及语文作业本第八课练习。

【板书设计】

乐府诗《卖炭翁》

白居易

	外貌 —— 烧炭艰辛		悲	
卖炭翁	心理 —— 矛盾反常		（同情）	社会
｜对｜	行动 —— 运炭艰辛		苦	黑暗
｜　｜				
｜比｜	"翩翩" —— 趾高气扬		宫掠	
宫　使	"把""称""叱""牵" —— 蛮横无理		市夺	
	"千余斤""半匹""一丈" —— 强烈反差			

《卜算子·黄州定慧院寓居作》教学案例

【教学目标】

1. 感受词人的形象，知人论世，了解苏轼的生平经历及思想。

2. 背诵本词积累名句。学习词人洁身自好、坚持操守，不肯同流合污的人生态度，塑造学生的人生观。

3. 初步了解《卜算子》的格律常识。

【教学重难点】

理解作品里的意象、意境和作者的情操。初步了解《卜算子》的格律常识。

【教学方法】

诵读法、点拨法、举例法、师生合作探究法。

【教学过程】

（一）知人论世，介绍背景

1. 作者简介

苏轼（1037—1101），北宋文学家、书画家。字子瞻，号东坡居士，四川眉州人。上学期，我们学习了苏轼的《记承天寺夜游》，同学们还记得吗？"元丰六年十月十二日夜，解衣欲睡，月色入户，欣然起行。念无与为乐者，遂至承天寺，寻张怀民。怀民亦未寝，相与步于中庭。庭下如积水空明，水中藻、荇交横，盖竹柏影也。何夜无月？何处无竹柏？但少闲人如吾两人者耳。"

苏轼在黄州经历了三个阶段，分别是苏东坡在黄州的心路历程：第一阶段（定慧院阶段）痛苦孤独，第二阶段（临皋亭阶段）自省彻悟，第三阶段（南堂阶段）超越旷达。播放课件。

今天我们来学习苏轼在黄州的心路历程的第一阶段（定惠院阶段）痛苦孤独里写的名篇《卜算子·黄州定慧院寓居作》。

2. 解题

《卜算子》是词牌名，又名《百尺楼》《眉峰碧》《楚天遥》等。相传是借用唐代诗人骆宾王的外号。骆宾王写诗好用数字取名，人称"卜算子"。北宋时盛行此曲。五五七五句，双调，四十四字，上下片各两仄韵。宋教坊复演为慢曲，《乐章集》入"歇指调"，八十九字。

"寓居"在古代最初指寄居他国的官僚贵族；后泛指失势寄居他乡的地主绅士官员等人。

（二）分组诵读，整体感知

按照所标出的节拍、韵脚字和平仄诵读该词，感知内容。

缺月/挂/疏桐，漏断/人/初静。谁见/幽人/独/往来，缥缈/孤鸿/影。

惊起/却/回头，有恨/无人/省。拣尽/寒枝/不肯/栖，寂寞/沙洲/冷。

译文：弯弯的钩月悬挂在疏落的梧桐树上；夜阑人静，漏壶的水早已滴光了。有谁见到幽人独自往来，仿佛天边孤雁般缥缈的身影。黑夜中的它突然受到惊吓，骤然飞起，并频频回头，却总是无人理解它内心的无限幽恨。它不断于寒冷的树枝间逡巡，然而不肯栖息于任何一棵树上，最后只能寂寞地降落在清冷的沙洲上。

（三）深入研读，品味意境

（1）上片首两句营造出怎样的氛围？

"缺月""疏桐"营造出幽冷、寂寞（凄冷、孤寂亦可）的氛围。

（2）"谁见幽人独往来"自问反问句子表达怎样的意思？"缥缈孤鸿影"，缥缈，高远隐约的样子。孤鸿与幽人有何关系？

129

第一问：意思是说我这个幽居之人在这样凄冷孤寂的深夜独自徘徊，无人相伴，无人看见。凸显一个"独"字。

第二问："孤鸿"是作者的自喻，本体是孤独的词人，喻体是高远隐约的"孤鸿影"，一独一孤，同病相怜。

（3）结合下片词句，说说"幽人"与"孤鸿"有哪些共同的处境、心理、志趣？

A. 处境：飘零失所，孤独凄冷。词人寓居定慧禅院，孤鸿"拣尽寒枝不肯栖，寂寞沙洲冷"，鸿无良木之可栖，只好栖于寂寞冷清的沙洲。

B. 心理："惊""恨"，心怀幽恨，惊恐不已。乌台诗案，九死一生，牵连众多，如惊弓之鸟。此处孤鸿纯是作者写照，取其神似。

C. 志趣：孤高、洁身自好、坚持操守，不肯同流合污。

飘零失所，惊魂未定，却仍择地而栖，不肯同流合污、坚持操守。寂寞、孤高、孤芳自赏、洁身自好。

（4）前人认为"恨"字是全词关键。词中"恨"的内容是什么？你是否同意"关键"之说？为什么？

恨的内容：才美不得重用，无人理解的忧愤。封建社会文字狱对人才的摧残。

同意：上片描写缺月、疏桐、漏断、人静、幽人、孤鸿等特定景物，正是由"恨"而生，由于含恨，所以必然产生"拣尽寒枝不肯栖，寂寞沙洲冷"的徘徊心境。

（5）你认为本词最大的写作特色是什么？

这首词运用了比兴、象征等艺术手法，以孤鸿为喻，托物言志。把孤鸿失群与幽人失志联系起来，巧妙地表达了作者"幽约怨悱不能自言之情"，这正是苏轼贬居黄州时无所依托而又无可哀告的寂寞与伤感的心情与处境的真实写照。（微片）

（四）拓展延伸，词牌格律

请同学们拿起刚刚标注的平仄押韵笔记。

作法：本调四十四字，前后两阕，均四句而两韵；通体，各句第一字均平仄不拘。

韵律：前后阕各两仄韵，上去通押，也有一体单押入声韵。

卜算子·缺月挂疏桐

苏 轼

中仄仄平平，中仄平平仄（韵）。

缺月挂疏桐，漏断人初静。

中仄平平仄仄平，中仄平平仄（韵）。

谁见幽人独往来，缥缈孤鸿影。

中仄仄平平，中仄平平仄（韵）。

惊起却回头，有恨无人省。

中仄平平仄仄平，中仄平平仄（韵）。

拣尽寒枝不肯栖，寂寞沙洲冷。

请再标注出陆游的《卜算子·咏梅》的平仄押韵，结合课文分析，赏析课文。课外请分析毛泽东的《卜算子·咏梅》的格律及诗歌意境。

例诗：

卜算子·咏梅

陆 游

驿外断桥边，寂寞开无主。

已是黄昏独自愁，更着风和雨。

无意苦争春，一任群芳妒。

零落成泥碾作尘，只有香如故。

《卜算子》习作分析：

卜算子·鹊影依稀似向人

叶清闲

相遇正春风，别去分亭柳。秋月芬芳盼不归，又过重阳九。

鹊影梦依稀，望菊人依旧。一点幽香念尽时，已在黄昏后。

点评：上阕时间跨度好大，但是又似乎很合理，秋月可以是芬芳吗？不过，鹊可不是秋的代表物象，这一处要斟酌，其他不错。很成熟的一首小令。

卜算子

梧桐雨

一径暮烟轻，偶有寒香度。零落荒梅作雪飞，袖绾东风缕。

渐又草初萌，逝水何曾住。月在林梢缱绻时，流照无今古。

点评：上阕不错，一枝荒梅独自在风中展露孤清的品性。情随春生，心由月锁，终还是挣不脱几许无奈。一径与逝水，还是觉得环境上不是安排得很好，虽然用了荒梅。上下阕的五字句最好做成偶句。喜欢这两个结句。缠绵、幽婉。

卜算子

玉格格

弱柳蘸烟寒，冷萼含香渡。鹊影依稀梦里留，怀抱将谁付。

湘水弦曾和，巫峡云难住。捻尽梅花翠黛低，却问春何处。

点评：和，应和，唱和的意思，这里用作去声字。弦，平声字，此处应为仄。起句很美。湘水千重影，巫山一段云。可见情之切切，梦之落落。却问，还可以再斟酌。余味少了一些。很不错的一首小令，有模有样。

卜算子·思乡寄友

黄稳山

赤子盼春归，远客风尘赴。梦里乡关渐近时，往事思无数。

纵使锦鸡催，唯愿茅庐住。旧友新朋惬意来，共醉云深处。

点评：赤子、远客，重复。立意很不错，由来一梦越关山，都到樽前。茅庐住，这一句与全篇的环境有出入，是你现实的茅庐还是梦中的茅庐，没交代清楚，结合语境，当是依旧在说梦。旧友新朋，也是重复，诗词不同于自由诗，需要的是精简，如没必要，不要重复使用物象。煞尾句不错。总体还算不错，可圈可点。

《白雪歌送武判官归京》教学案例

【教学目标】

知识与技能：

1.使学生有感情地朗读诗歌并理解诗歌大意。

2.能够把握住"雪"和"送"分析诗歌，描绘出诗歌的画面，赏析诗句，感受诗歌营造的意境。

3.通过对诗句进行多层次的品读来领悟作者的思想感情。

过程与方法：

1.通过反复朗读，理解诗歌的内容。

2.通过研读品析，体会诗人情感，激发个体感悟。

情感、态度和价值观：

1.培养学生的审美体验和审美情趣。

2.体会作者的情感及诗歌的艺术特色。

【教学重难点】

1.用优美的语言描绘诗歌画面。

2.赏析诗句，感受诗歌营造的意境。

3.在学习中把握关键字句，体会诗人深沉的送别之情。

【教学方法】

自主预习、赏析法。

【教学准备】

学生准备：网络浏览有关"送别"的诗歌，理解本节课的送别意境。

教师准备：整理相关资料，制作多媒体课件。

【教学过程】

（一）新课导入

师：同学们，今天我们一起来学习一首古诗——《白雪歌送武判官归京》，之前让大家通过网页中的"课前预习"部分对本课进行预习，大家都完成了吗？

生：完成了。

师：很好，在预习的基础上进行课文学习，我们就可以对这首诗有比较全面的认识和更深刻的理解。首先我们来看看课题，有没有同学能从中发现这首诗有哪些特点？

生：是描写雪天场景的。

师：哦，也就是"咏雪"，对吧？

生：我从"送""归"两个字看出这是一首送别诗。

师：好，你真敏锐。从题目中我们不难发现，《白雪歌送武判官归京》是一首融合了"咏雪""送别"两个主题的边塞诗。大家已经学过不少"咏雪"或"送别"的诗，能否举例说说你所学过的"咏雪""送别"诗中都包含了作者怎样的情感？

生：高适的《别董大》，表达了作者对朋友的祝福；柳宗元的《江雪》，把自己比喻为渔翁，表现出一种独立寒江的傲慢。

师：傲慢这个词用得不够好，我想把它换成清高是不是更贴切些呢？

从刚才同学们的举例中，我们可以感受到诗歌传达出的诗人不同的思想情感。今天我们学习岑参的《白雪歌送武判官归京》，希望大家能用心走进诗歌的字里行间，体会作者是如何歌咏白雪并抒写朋友间的送别的。

投影作者介绍：岑参，江陵（今湖北省江陵县）人，唐代著名边塞诗人，与高适齐名，并称为"高岑"。曾两度出塞，晚年任嘉州刺史，后罢官，欲归故乡时，客死成都旅舍，史称"岑嘉州"，有《岑嘉州集》传世。岑参的诗想象丰富，意境新奇，气势磅礴，风格奇峭，文采瑰丽，并充满乐观进取的精神，具有浪漫主义特色。

（二）诗文赏析

1. 聆听感受

（1）播放录音，聆听感受。请同学们注意字的读音。

（2）读准字音。

岑参（cén shēn）　　锦衾薄（jǐn qīn bó）　　散入（sàn）　　　阑干（lán）

狐裘（hú qiú）　　　羌笛（qiāng dí）　　　瀚海（hàn hǎi）

风掣红旗（fēng chè hóng qí）

2. 整体把握

（1）齐读全诗——读准字音，初步感知。

（2）解题——从诗题中能看出这首诗写了哪些内容？

咏雪、送别。（板书）诗的前半部分是咏雪，后半部分写送别，同时在送别中进一步描写雪景。这是一首雪中送别诗。

（3）诗歌是从哪里开始着重写送别的？

从"中军置酒饮归客"一句开始。前十句着重于咏雪，后八句着重于送别。

（三）赏析咏雪部分

1. 齐读咏雪部分并思考

咏雪部分描绘了怎样的画面？用自己的语言描述出来。

北风席卷着大地，把强韧的白草都折断了。塞北的天空，农历八月就飞起了雪花。就像是忽然刮了一夜春风，使千树万树开满了梨花。

大风把雪吹进了珠帘里，沾湿了罗幕，就连狐裘、锦衾这样高级的御寒品也挡不住严寒；将军的角弓冻得拉都拉不开了，都护的铁衣冰冷得难以着身。

2. 赏析诗句

（1）朗读咏雪部分，思考：哪些诗句写得好，好在哪里？

（2）对雪的描绘，哪一句最精彩？（忽如一夜春风来，千树万树梨花开）

为什么精彩？小组研讨，合作探究。

精妙的用词——一个"忽"字，表明雪来得突兀，来得意外，形容雪来得急，下得猛。不仅表现了达塞气象变化的神奇，而且传达出诗人赏雪时的惊喜心情。

新奇的比喻——抓住雪的洁白、鲜润的特点。

千树万树，突出了雪的壮观景象。

春意盎然的意境——创设了梨花满树、春意盎然的意境，以春暖显奇寒。

昂扬乐观的精神——严酷的自然环境中透出了诗人高昂的乐观主义精神，只有热爱生活的人，才能表现出这种化苦为乐、积极向上的乐观情怀，才能写出这样的千古名句。

（3）读咏雪部分——除了这一句外，在咏雪部分，你还喜欢哪些诗句？为什么？

学生回答，教师穿插评价：

A. 北风卷地白草折，胡天八月即飞雪。

第一句写风，一个"卷"字，一个"折"字分别从正面和侧面写出了风势之猛。

第二句写雪，"八月"说明胡天下雪的时间早。"飞"，勾画出了一派雪花漫天飘舞的景象；"即"字表现了诗人的惊奇之情。这两句极写边塞的风狂雪早。

B. 散入珠帘湿罗幕，狐裘不暖锦衾薄。将军角弓不得控，都护铁衣冷难着。

一个"散"字，写出了风吹雪花点点飘入帐内的情景，一个"入"字，将读者的视线从广袤无垠的空中转移到中军将领们的住所上来，"湿"字写雪花融化，沾湿了罗幕。"狐裘"写白天，"锦衾"写夜晚，"不暖"和"薄"，均可见出雪天的奇寒。

"角弓不得控"和"铁衣冷难着"，生动地表现了边关的奇寒叫人难以忍受，"将军"与"都护"尚且如此，一般士兵就可想而知了。

教师解读：狐裘、锦衾、角弓、铁衣，用这些边塞将士身边的用品来衬托气候的寒冷，既表现了边地军营中将士的苦寒生活，又从侧面烘托出了大雪的寒威。是从人的感受、从侧面来描述边地的寒冷，这样记录边塞奇事，角度也很新颖。

C.瀚海阑干百丈冰，愁云惨淡万里凝。

思考：从"瀚海"到"愁云"，视角有何变化？"百丈""万里"是实写吗？运用了什么修辞？

学生回答：这两句诗起到承上启下的作用，由咏雪过渡到送别。

教师补充：前一句写边地是一片冰雪世界，这是地上的景象。"瀚海阑干"绘出了非常开阔的画面；"百丈冰"形容冰雪覆盖面积之广、冰块之大，是夸张的说法，极言奇寒。

后一句写惨淡的愁云布满天空，这是天上的景象。一个"愁"字，一个"惨"字，具有浓烈的感情色彩，为饯别场面酝酿了气氛。"愁云"既是写景也是写情，很自然地引出下面的送别。这里，把边塞将士的军营置于一个广袤、辽阔的背景前，给人一种奇异而又壮伟的深刻印象。

齐读咏雪部分，思考：这些诗句共同显示了边地的雪的什么特点？

学生回答：雪来得早，雪来得急骤，雪下得大，雪景雄奇壮阔，雪后特别寒冷。

作者写雪，写雪中的景象，写边地的雪的特点，是怀着怎样的情感来写的？

学生回答：喜爱、赞美的感情，昂扬乐观的精神。

为什么在这样艰苦恶劣的环境中，作者却能表现出如此昂扬向上的情绪呢？

学生回答：这和当时的时代背景和诗人自身的经历有关。

现在，让我们一起来看一看当时的背景（投影）。

唐代天宝年间，李唐王朝与西北少数民族边境战事不断，许多文人也纷纷投入军人幕府，寻求个人发展，并体验到边塞紧张激烈的军旅生活和新奇独特的自然风光，形成了盛唐边塞诗派。岑参就是盛唐边塞诗人的杰出代表。

他怀着建功立业的志向，两度出塞，度过了六年艰苦的军旅生涯，对鞍马风尘的征战生活与冰天雪地的塞外风光有长期的观察与体会，这首《白雪歌送武判官归京》就是他第二次出塞，充任安西北庭节度判官，在轮台幕府中送友人回京时所作。

（四）赏析送别部分

齐读送别部分——诗人写送别写出了对友人怎样的情感？

学生回答：依依不舍。

哪些诗句表现了这种情感？是怎样表现出来的？

（1）中军置酒饮归客，胡琴琵琶与羌笛。设宴饯别。

思考：他们可能会说些什么呢？为什么要列举"胡琴""琵琶""羌笛"这三种乐器呢？

教师补充：简略而有情味。诗人在中军营里摆下了饯别的酒筵，演奏的是胡琴、琵琶和羌笛等乐器。这就点明了饯行地点、饯行原因、饯行的情形。

列举这三种乐器的名称也是很有深意的：朋友就要回乡了，在饯别酒席上演奏的仍然是这些异乡的乐器，一股思乡之情不是委婉地流露出来了吗？"胡琴琵琶与羌笛"，这种纯然是西域特色的管弦乐器齐鸣和响，给边塞的军中宴饮增添了几分苍凉悲壮的豪气。

（2）纷纷暮雪下辕门，风掣红旗冻不翻。

思考：你觉得此句中哪一个词用得最好？好在哪里？

日暮时分，大雪纷纷，诗人把他的视线从酒筵上又转向了辕门外，看到了一幅十分奇异的画面：在暮雪纷飞的背景上，一面鲜红的旗帜凝住不动。其中的"掣"字用得十分精确，真实地描绘出红旗冻住了，即使被北风吹着也不飘动的情状。

此句运用反衬手法，既突出了天气的寒冷，又写出了瀚海冰雪中的一个"亮点"，色彩感强，富有表现力，勾画了一幅奇异而美丽的画面。不仅写出了边塞奇寒，而且红旗在风中坚强挺立也喻指边塞将士不屈的斗志，写出了作者心中奔涌的豪情。

（3）轮台东门送君去，去时雪满天山路。

从辕门一直送到轮台东门，表现了诗人对朋友的依依不舍。"雪满天山路"既表现出了风雪之猛，路之难行，又传达出了诗人对朋友的关切和担忧。

（4）赏析"山回路转不见君，雪上空留马行处"。

教师：这句诗描绘了怎样的画面？请用自己的语言描述一下。

学生回答：写友人离去以后的情景。

教师补充：山回路转，友人的身影已经看不到了，此时诗人仍伫立在风雪中，远望友人离去的路，只见雪地上留下一行长长的马蹄印。

齐读送别部分——体味其中的韵味。

（五）分析咏雪、送别两部分之间的关系

思考：写雪带来的酷寒，写边地的风光和送别有关系吗？

学生回答：为送别设置背景，渲染气氛。

教师总结：在边地奇异雄伟的风光中，在大风雪的背景下，这次送别带上了雄浑悲壮的色彩。

全班齐读全文，深情诵读，尝试背诵。

（六）布置作业

背诵默写。积累并品评咏雪的名句。

【交流与思考】

在教授本课时，以"读"作为课堂的主线，通过反复诵读，引导学生领悟诗歌意境，理解作者的思想内涵。课上的每一个环节中，学生都乐于说出自己的理解，在此基础上，再点拨重点诗句使学生进一步加深理解，让学生对这些重要的名句加以整理和积累。语文课堂上琅琅的读书声固然重要，但是也要有静静的思考、静静的想象，所以课上留出了时间让学生进行安静的想象。思考诗歌的意境，想象诗中描绘的一幅幅奇异美丽的画面，体会诗中所传达出的深厚情谊，学生把他们的想象在组内交流，形成一段完整的话并写下来。这样的课堂有动有静，能够使学生的古诗阅读能力得到培养。

《天上的街市》教学案例

【教学目标】

1. 能有节奏地朗读诗歌，感受诗歌的音韵之美。

2. 通过朗读和品味重要语词，能展开联想和想象。

3. 感受作者追求自由和幸福的思想感情。

【教学重难点】

1. 通过朗读品味诗歌语言。

2. 联想和想象。

【课时安排】

1课时。

【教学过程】

（一）导入

同学们，我们小时候就经常听到很多关于神仙的故事，如嫦娥奔月、八仙过海。而古人相信神仙是住在天上的，你们相信天上有一个和我们人间一样的城市吗？那么今天我们就一起来学习郭沫若的诗歌《天上的街市》。

（二）知全文

朗读诗歌。提示：注意诗歌的节奏、重音和舒缓的语调。

听录音示范，学生朗读，教师纠正（强调）字音、词语。

无数（shù）　　　缥缈（piāo miǎo）

陈列：把物品摆出来给人看。

珍奇：珍贵而奇异的物品。

自读第一节，思考下列问题：

① 这一节使用了什么样的修辞手法？

比喻的修辞手法。把街灯比作明星；把明星比作街灯。

② 作者站在什么样的视角和顺序来描写街灯与星空？

宽广的场景，或者在高处。从街市到天空，再从天空到街市。

③ 哪些字眼最富有表现力、最能打动你？

闪：生动准确地写出了明星若隐若现的状态。

点：人的动作。既有点着的灯，便有点灯的人，那么便有一世界。

现了：从无到有，写出一种欣喜。

无数：多，将街灯和明星建立起联系，描出了一幅壮阔而震撼人心的画面。

小结：地上有星一样的灯，天上有灯一样的星，诗人通过两个互换本体与喻体的比喻，将天与地连成一体，"街灯"与"明星"之间的共同特点是"无数"与"明亮"。由此自然产生了联想。形成一种回环复沓的诗歌之美。

④ 由这明星联想到街灯，有街灯是不是有街市呢？点着无数的街灯，点这个动作是不是人的呢？因而作者大胆想象，他想到了什么？

明确：美丽的街市、珍奇的物品、牛郎织女、闲游天街。

（三）品主旨

朗读诗歌第三、四节，思考下列问题：

① 诗歌中的牛郎和织女和故事中的有什么不同？

明确：天河浅浅（不再阻隔）、骑牛往来（自由）、天街闲游。

② 这样的生活怎么样？

明确：生活富足、自由快乐、幸福美满。

③诗人为什么要这样来写？（走近作者，联系写作背景）

作家作品：郭沫若，原名郭开贞，笔名郭沫若。四川乐山人，汉族，是我国现代著名作家、诗人、考古学家、古文字学家、历史学家。著有诗集《女神》《星空》，历史剧《屈原》《虎符》《棠棣之花》。

写作背景：《天上的街市》写于1921年10月24日，收入诗集《星空》。当时，外部列强侵略中国，内部军阀混战。面对社会的黑暗和深重的民族苦难，作者既向往"平和洁净"的美，又不知如何将理想实现，故而产生苦闷、彷徨的情绪，这构成了诗集《星空》的特点，该特点也体现在这首《天上的街市》中。

主旨：作者对自由、幸福生活的向往。

④诗歌中哪些仿佛出现的词能表现作者对这种理想的态度？

明确：定然、定能。表现出对这种理想和追求的坚定。

（四）赏美点

一首诗就像一幅画卷，诗的每一章节每一个句子都有一幅美丽的画面。这些需要同学们打开心灵，插上想象的翅膀去感受。下面我们就以"我从_____感受到美"这样的句式来赏读这首《天上的街市》。

例：我从"天上的明星现了，好像点着无数的街灯"一句，感受到了星空的绚烂与浩瀚之美。

升华诵读（基调：美好、恬静、宁谧、自在、清新）。

作业布置：①背诵全诗。②当你们仰望星空时是否也有种种感想？试着写下来。

【板书设计】

珍奇	富裕	贫穷
自由来往	光明 ⟺ 黑暗	
闲游	幸福	痛苦

【交流与思考】

《天上的街市》是一篇风格恬淡、自然清新的现代诗。本诗旋律和谐优美、节奏舒缓、意境丰富。本课教学有三个明显的特点。

一是教学结构明朗、层次清晰。从不同角度有序地安排了几个板块的学习内容，"知全文""品主旨""赏美点"，几个板块有机整合，操作性很强，学生的活动也得到有效的组织和引导。

二是贴近文字，品读涵泳。读诗的过程，也是培养语感、训练语言赏析能力的过程。课堂中师生一起赏析诗歌中富有表现力的字词。如"远远的"中的距离感，如"闪"字若隐若现的动态美，如"点"字中暗藏的人的世界，还有"无数"中展现的数量的冲击感，"明""现"的光影变幻。在"赏美点"的环节，引导学生们通过诗句感受星空的绚烂与浩瀚之美，感受天街闲游的悠闲恬淡之美，感受银河中来往的自由幸福之美……这是对美点的寻踪与提炼，既是语言的赏析，也是审美的教育。

三是重视朗读，有效指导。朗读是学习诗歌最基本也是最重要的手段。诗情、诗味都在诵读中得以体现。本课的朗读教学得益于示范朗读，无论是配乐朗诵音频，还是个别学生朗诵，都表现得很精彩。指导细致指教师不仅在诗歌节奏、重音、语调等技巧性的地方做点拨，更进一步结合文本的理解进行指导。虽然，学生还无法演绎到位，但课堂中明显能看到学生的进步。

为了让学生感受到诗歌的美好意境，本课中的个别环节还可以进行调整，以达到最佳的诗歌教学效果。比如，教学设计上要通过整体考虑，进行整体性的梳理感知。该流程可以从这两点入手，第一，分析朴素的用词、柔软的情致；第二，赏析诗歌丰富而巧妙的想象所传达的憧憬，并让孩子在反复诵读中，置身诗境，将作者描绘的意象和画面在脑海中一一再现，得到美的感受和情感的浸染。需要注意的是，在教学与诵读的过程中，应尽可能扣紧诗歌赏析的核心，保持诗歌的完整美感。

《金色花》教学案例

【教学目标】

知识与能力:

1. 有感情地朗读诗文,把握诗文情感基调,品味精美语言。

2. 初步感知印度文化和泰戈尔的诗歌特点。

3. 学习和借鉴本诗借助一种具体的形象抒发真情的写法。

过程与方法:

1. 通过朗读法感知课文内容。

2. 用品析讨论法领会语句的深刻含义。

3. 用合作探究法激发学生的积极性,加深学生对文章的理解。

情感、态度与价值观:

体会童真童趣,感受人间至爱真情,受到美的熏陶和感染,培养健康高尚的审美情趣和审美能力。

【教学重难点】

1. 通过多种途径,感悟诗歌优美清新的意境和真挚淳朴的情感。

2. 通过想象,鉴赏诗歌,学习和借鉴本诗借助一种具体的形象抒发真情的写法。

3. 学习本文托物寄情的写法。

【教学过程】

（一）诗歌品读导入：冰心《繁星春水》

"母亲啊！天上的风雨来了，鸟儿躲在它的巢里；心中的风雨来了，我只躲到你的怀里。"

冰心用真切的语言来表达对母亲的依恋和感激。伟大诗人泰戈尔笔下有这样一个印度孩子，他突发奇想，用纯真的童心和奇特的方法表现对母亲的依恋。让我们一起来品读《金色花》，认识这个天真烂漫的孩童形象。

（二）诗歌解读

初读诗歌：读准字音。

再读诗歌：读出重音、停顿恰当。

假如/我/变成了一朵/金色花，只是为了好玩，长在那棵树的/高枝上，笑嘻嘻地/在空中摇摆，又/在新叶上跳舞，妈妈，你/会认识我吗？你/要是叫道："孩子，你/在哪里呀？"我暗暗地/在那里匿笑，却/一声儿不响。

我/要悄悄地开放花瓣儿，看着/你工作。

当/你沐浴后，湿发/披在两肩，穿过/金色花的林阴，走到做祷告的/小庭院时，你/会嗅到这花香，却/不知道这香气是从我身上来的。

三读诗歌：读出内容。

一首诗就像一幅画，这首散文诗向我们展现了一幅怎样的图画呢？

顽皮可爱的孩子变成一朵盛开的金色花，与慈爱的妈妈逗乐嬉戏，他是怎样和妈妈嬉戏的呢？请你用"当妈妈_____的时候，我就_____"说一说。

四读诗歌：读出情感。

这是一个怎样的孩子和一个怎样的妈妈？请你用"我读出了一个_____的孩子和一个_____的妈妈"的句式来回答，并说说你的理由。

①"孩子，你在哪里呀？""孩子，你在哪里。"

②"你到哪里去了，你这坏孩子？""你到哪里去了，你这坏孩子！"

③"我不告诉你,妈妈。""你别管那么多。"

明确:①要读出母亲的焦急、关爱、惦念。②要读出母亲的嗔怪、担忧、焦虑和欣喜。③要读出孩子的淘气、机灵、撒娇、调皮和对母亲的爱恋。

讨论交流:①泰戈尔为什么要把孩子想象成金色花呢? ②"我"变成金色花,为什么不让妈妈知道?

明确:金色花是印度圣树上的花,它给本文蒙上了宗教色彩,烙上了印度文化的印记。我们中国喜欢用花比喻儿童,印度也一样。泰戈尔把儿童想象成一朵金色花——他心目中最美丽的圣树上的花朵,借以赞美孩子的可爱。那金黄的色彩,正反映着母爱的光辉。人们爱花儿,花儿也惠及人们,象征孩子对母亲的爱圣洁而美丽。因为"我"懂得,母爱的奉献是无私的,对母爱的回报也应该是无私的,"我"不图妈妈夸奖,只求妈妈生活得更加温馨,所以只是撒娇,就是瞒着妈妈。

(三)写法探讨

这首诗诗人想象"我变成了一朵金色花"来表达纯真的母子之爱,借助一种具体的形象来抒发感情是本文应用的一个巧妙的手法,即是借物抒情的写法。

(四)仿写延情

如果你忽然具备了文中小男孩的能力,你准备变作什么来表达你对母亲的满怀爱意?请你用"当我_____的时候,我就_____"的句式写一写。

【交流与思考】

本课在诗歌的教学过程中侧重三点:一是诗的语言美;二是诗的画面美;三是诗的情感美。因此教学中主要通过形式多样的朗读(听读、赛读、评读、范读等)让学生在读中获得对诗歌的整体感知。反复朗读,让学生在读中有所感悟,在读中培养语感,在读中熏陶感情,从而读出韵味,创造诗意的课堂。所以当本堂课的亮点——最后的仿写延情部分中,设置了"如果你忽然具备了文中小男孩的神力，你准备变作什么来表达你对母亲的满怀爱意？"这一环节以使学生充分地感知诗歌里的情感，真正体现了课堂的升华。

一是在教学中，既鼓励学生读，又让学生明白应怎样读、为什么要这样读，使学生在充分体会诗歌所蕴含的感情的同时，还掌握了朗读技巧，不仅读懂了诗，也学会了怎样读诗。

二是简化了教学环节。以前教诗歌时，总是将"语言赏析"单独安排一个环节。本节课尝试将"朗读""理解""品析"结合起来，取得了较好的效果。

三是美化了课堂。恰当地运用多媒体，或创设氛围，或激发兴趣，或配乐朗诵，或画面点缀等，为课堂添色不少。

《假如生活欺骗了你》教学案例

【教学目标】

1. 理解此首诗中蕴含的情感与哲理。

2. 领会普希金诗歌的语言特点。

3. 背诵《假如生活欺骗了你》。

【教学重难点】

1. 理解诗中蕴含的情感与哲理。

2. 领会普希金诗歌的语言特点。

3. 仿写诗句练习。

【教学步骤】

（一）创设情境，导入新课

由丹麦作家安徒生的童话故事《丑小鸭》引出话题。提问：同学们，当你在现实生活中遇到困难与挫折的时候，你是一味埋怨命运不公，还是勇敢地与命运抗争？让我们看看俄国诗人普希金是怎样看待这个问题的。（板书课题、作者）

作者介绍：普希金，俄国伟大的民族诗人、小说家。他的创作对俄国文学和语言的发展影响很大，不仅是"俄国文学之父"，而且在世界文学史上也享有盛誉。他的诗作有《自由颂》《致大海》《致恰达耶夫》等，代表作是长篇小说《上尉的女儿》和长篇诗体小说《叶甫盖尼·奥涅金》。

这首诗写于普希金被流放的日子里，是以赠诗的形式写在他的邻居奥希泊娃的女儿叶甫勃拉克西亚·尼古拉耶夫娜·伏里夫纪念册上的。那时俄国革命正如火如荼，诗人却被迫与世隔绝。在这样的处境下，诗人却没有丧失希望与斗志，他热爱生活，执着地追求理想，相信光明必来、正义必胜。

（二）赏读诗歌

朗读节奏指导：

假如／生活／欺骗了你，

不要／悲伤，不要／心急！

忧郁的／日子里／需要镇静：

相信吧，快乐的／日子／将会来临。

心儿／永远向往着／未来；

现在／却常是／忧郁；

一切／都是／瞬息，

一切／都将会／过去；

而那／过去了的，

就会成为／亲切的／怀恋。

分角色朗读，指导学生初步感知诗歌情感。

假如生活欺骗了你，（男合：舒缓地）

不要悲伤，不要心急！（女合：亮丽地）

忧郁的日子里需要镇静：（男合：沉稳地）

相信吧，快乐的日子将会来临。（男女：乐观地）

心儿永远向往着未来；（男合：平稳深沉地）

现在却常是忧郁：

一切都是瞬息，（女合：响亮亲切地）

一切都将会过去；

而那过去了的，（男女合：乐观稳重地）

就会成为亲切的怀恋。

（三）讲析诗歌

（1）"生活欺骗了你"是指什么状况？

明确：特指在生活中因遭遇艰难困苦甚至不幸而身处逆境。

（2）联系自己的实际，思考以下的问题，交流分享。

① 生活中一次令你伤心的往事是什么？② 当时的感受怎样？③ 如何度过伤心的日子？④ 之后有何领悟？⑤如何理解"而那过去了的，就会成为亲切的怀恋"？

明确：当我们越过苦难，蓦然回首时，曾经的一切苦难都会改变面貌。诗人在这里是要强调一种积极的人生态度。

（四）写作练习：仿写诗句

仿照诗歌第一节，写一写。

假如_____，

不要_____，不要_____！

_____需要_____：

相信吧，_____。

参考示例：假如生活欺骗了你，不要忧虑，不要放弃！阴霾的天空中需要心灵的歌唱；相信吧！明媚的阳光将会照耀大地。

（五）品味全诗

诗歌最大的特点就是要用形象说话，最忌直白说理，而这首诗通篇没有任何形象，却以说理取得了巨大成功，同学们要品味一下全诗，想想原因何在？

明确：这是写给邻居小女孩的赠诗，是一首哲理诗，但诗人并没有摆出高高在上的姿态和一副教训人的语气，而是以平等的娓娓带来的语气来写，语调亲密和婉、热诚坦率，好像诗人在与你促膝谈心；诗句清新流畅，感情热烈深沉，有丰富的人情味和哲理性。

（六）拓展延伸

合作朗诵：

相信未来（节选）

食 指

当蜘蛛网无情地查封了我的炉台（男）

当灰烬的余烟叹息着贫困的悲哀（女）

我依然固执地铺平失望的灰烬

用美丽的雪花写下：相信未来（合）

当我的紫葡萄化为深秋的露水（男）

当我的鲜花依偎在别人的情怀（女）

我依然固执地用凝霜的枯藤

在凄凉的大地上写下：相信未来（合）

思考：你从食指的《相信未来》中读到了什么？这首诗在内容上与《假如生活欺骗了你》有何异同？

同：两首诗歌中都表达了生活中虽有苦难折磨，但仍要坚定信念，越挫越勇，相信未来。

异：《相信未来》通过意象来寄寓自己的感情，而《假如生活欺骗了你》则以劝说的口吻、和缓的语气鼓励人们相信生活，没有具体的意象。

结语：长风破浪会有时，直挂云帆济沧海。（李白）

【交流与思考】

《假如生活欺骗了你》是一首融合了哲理与情感的诗歌。诗歌的教学难度不大，难的是教出新意，让课堂的有效性得到新诠释。本堂课充分体现了"诗意"的课堂特色。首先，由童话导入，并且通过反复的指导朗读，分角色朗读等，让学生在语音语调的变化中感知诗意。其次，贴合学生实际的问题设置，让学生能畅谈自己的体会，将自己的感情融入对诗歌的品读中，极大地拉近了学生与作家的心理距离。后面的诗句仿写是一个很好的提升环节，能让学生在感知诗意的基础上，学会诗意地将自己的情感表达出来。最后的《相信未来》比较阅读，让学生对诗歌的表现方式有了更直接的了解。如果在仿写的点评中教师能够让更多的学生参与进来，尽可能地多分享，那么课堂的有效性就能得到较大的提升。

第五章

初中语文文言文阅读教学案例

《咏雪》教学案例

【教学目标】

知识与能力：

1. 能借助注释和工具书理解课文的基本内容，能复述故事。

2. 阅读浅易文言文，积累常见的文言词语。

3. 欣赏咏雪名句，明确比喻之精妙在于神似而非形似。

过程与方法：

自主、合作、探究的学习方式。

情感、态度与价值观：

通过对古代诗礼簪缨之家和谐融洽、书香味浓郁的家庭氛围的感知陶冶情操，培养生活雅趣。

【教学重难点】

1. 以多种形式诵读课文，达到当堂成诵的效果；初步积累文言词语。

2. 欣赏咏雪名句，探究比喻修辞之精髓在于神似而非形似。

【教学方法】

情境导入法、诵读法、品读法、点拨法。

【教学课时】

1课时。

【教学过程】

（一）导入

导入刘禹锡诗歌《乌衣巷》。"朱雀桥边野草花，乌衣巷口夕阳斜。旧时王谢堂前燕，飞入寻常百姓家。"这首诗中提到的王谢指东晋时王导和谢安所在的两大豪门望族。 诗中提到的"谢"，就是谢安，别名安石，他是晋孝武帝的丞相，人称谢太傅，功勋卓著，曾一度辞官退隐浙江会稽东山，当时曾有"安石不出，将如苍生何"，足见他的威望之高。后复出主持大局，"东山再起"的成语便是由此而来，表示免职以后再度掌权的意思。后秦苻坚扬言投鞭可使长江断流，率领大军进驻淝水北岸，威逼东晋，东晋朝野震恐。谢安时任征讨大都督，他从容调度，终于大破苻坚，是为军事上以少胜多的"淝水之战"。据说他侄儿谢玄从前线送回报捷书信，可是谢安得信后面上却了无喜色，对弈如故。及至下完棋返回内室，谢安终于压不住内心喜悦，鞋后跟过门槛时断掉，他高兴得竟然没有察觉，其镇静自若，儒雅风流，传为佳话。

今天我们所要学习的就是发生在这个家族中的另一段佳话。（板书课题）

（二）文言文翻译五字法

留：文言文中沿用至今意义不变的词语，以及人名、地名、官职等专有名词予以保留。

换：把古今异义词换成相应的现代汉语词语。

调：特殊句式翻译时根据现代汉语的语法习惯调整语序。

补：文中省略的主语、宾语等翻译时必须补充。

删：删去文中没有实在意义翻译时又不影响原义的虚词。

（三）初读课文

正音：勾画有难度的字词，根据文意自行断句。

谢太傅寒雪日内集与儿女讲论文义俄而雪骤公欣然曰白雪纷纷何所似兄子胡儿曰撒盐空中差可拟兄女曰未若柳絮因风起公大笑乐即公大兄无奕女左将军王凝之妻也

再读：明确朗读节奏。

谢太傅／寒雪日／内集，与儿女／讲论文义。俄而／雪骤，公／欣然曰："白雪／纷纷／何所似？"兄子胡儿曰："撒盐空中／差可拟。"兄女曰："未若／柳絮／因风起。"公／大笑乐。即／公大兄无奕女，左将军王凝之／妻也。

自由朗读，感知文意。

学生自荐朗读，教师示范朗读。

（四）理解文意

字词讲析，重点梳理；小组讨论，整合翻译；同桌配合，准确翻译；质疑难点，讨论明确。

重点文句翻译。

（1）撒盐空中差可拟。

把盐撒在空中大体可以相比。

（2）未若柳絮因风起。

不如比作柳絮乘着风飘起。

（五）欣赏柳絮图片，思考讨论

"撒盐空中""柳絮因风起"两个比喻，哪一个更好？

整合讨论结果明确：前者写得好，因为雪的颜色和形态、下落之态都跟盐相似；一般认为"柳絮因风起"更好：因为雪与柳絮的颜色、轻盈飘飞之态神似。同时又能由"柳絮"给人以春天即将到来的感觉，别有一番意韵。

《咏雪》一文结尾谢太傅对两人回答的优劣未做评定，而作者也没有评定优劣。那么他们赞赏哪个呢？从哪里看出来？

整合讨论结果明确：谢安"大笑乐"暗示了谢道韫的回答令谢安赞赏、满意；作者在文末补充交代了谢道韫的身份，表明作者对谢道韫才华的赞赏。

补充"咏絮才"：可叹停机德，堪怜咏絮才。（《红楼梦》）

（六）拓展延伸

咏 雪

张宗昌

什么东西天上飞，东一堆来西一堆；
莫非玉皇盖金殿，筛石灰呀筛石灰。

白雪歌送武判官归京

岑 参

北风卷地白草折，胡天八月即飞雪。
忽如一夜春风来，千树万树梨花开。

自由讨论：两首诗中对雪的描写，哪首更好？（明确：第二首更有诗意）

望庐山瀑布

李 白

日照香炉生紫烟，遥看瀑布挂前川。
飞流直下三千尺，疑是银河落九天。

庐山瀑布

徐 凝

虚空落泉千仞直，雷奔入江不暂息。
今古长如白练飞，一条界破青山色。

戏为庐山诗

苏　轼

帝遣银河一派垂，古来惟有谪仙词。

飞流溅沫知多少，不与徐凝洗恶诗。

讨论：比较一下三首诗歌孰优孰劣？为何苏轼会说"飞流溅沫知多少，不与徐凝洗恶诗"？

总结：比喻既要"形似"又要"神似"！比喻的目的在于创造比喻意象来描绘发话主体对于事物的情感认知。比喻的喻体往往使主观的心意和客观的物象通过比喻得到融汇与具现，给读者以形象的观照，并引起读者种种联想与思考，使之神动心摇。好的比喻不仅能让读者了解事物的本真面目，更能给读者带来美的体验和身心的愉悦。所以，亚里士多德说，比喻是天才的标志。

（七）写作尝试

试着给"雪"再造几个不仅"形似"更"神似"的优美比喻句。

【交流与思考】

《咏雪》是学生在初中阶段学习的第一篇文言文。与小学阶段的粗浅理解要求不同，初中阶段的文言文对学生有了更多的要求，不仅要求学生能读懂文章，还需积累常见实词，并且对文意有一定的解读。如何做好衔接阶段的学习对学生尤为重要。因此，在教学设计上做了一些尝试。

第一，重视反复的诵读。在课堂上展开了多种形式的朗读，让学生能将这篇短小的文言文当堂成诵；这节课需在字词方面注重学生的自学能力培养，对文言知识的处理比较扎实。还可通过小组讨论质疑、同桌互译、教师点拨明确等方式将对文言字词的理解落到实处。

第二，教学环节的设置比较合理。在环节与环节之间的过渡处理得比较自然，尤其是让学生理解比喻"神似"与"形似"的优劣有了更多的尝试，让学生积极参与讨论，得出自己的理解，促成有效课堂的生成。

　　不足之处：一是在课堂教学评价方面做得不到位，对学生回答问题时的亮点没能够及时给予肯定和鼓励；二是授课过程中对学生的关注还不够，如对学生记笔记习惯的培养有所忽视，总是认为学生会自觉记下重点，没有督促、指导，要从意识上加强重视；三是拓展延伸部分由于时间较为紧张，对三首诗的解读引导还可以更流畅些，留白时间可以更多，让学生能够得到更多的锻炼。

《答谢中书书》教学案例

【教学目标】

1. 学生能正确、流利、有感情地朗读并背诵本文。

2. 通过自主、合作探讨等方式，引导学生从不同角度分析、理解、欣赏本文的意境，提高学生的品德修养和审美情趣。

3. 发挥学生的语言创造力，表达心中之美。

4. 培养学生热爱大自然、热爱生活的美好感情。

【教学重难点】

1. 通过自主、合作探讨等方式，引导学生从不同角度分析、理解、欣赏作品意境，体会文中蕴含的思想感情。

2. 发挥学生的语言创造力，表达心中之美。

【教学方法】

先学后教，合作探究。

【教学工具】

PPT演示稿。

【教学时间】

1课时。

【教学过程】

（一）情景导入，明确目标

（图片演示）莽莽神州，高山大岳，千流百川，那神奇如画的风光无不让人心动神摇，今天我们来学习陶弘景的《答谢中书书》，共同欣赏一幅清丽的山水画。

作者及写作背景介绍。

展示教学目标。

（二）朗读——感受文章的节奏音韵之美

学生从视、听觉的角度用心聆听录音范读。（演示）（要求：感受字音、感受语感、感受节奏）

分男女小组竞争式朗读课文，相互评价，教师点评。

教师范读课文，学生聆听。

学生齐读课文。

（三）自主译文——感受文章的画面之美

小组合作探讨，自主译文。

学生独立思考文章的结构特点。

（四）品析表达——感受文章的意境之美

学生带着美去寻找美，带着美去升华美。①教师引导学生概括文中景色之美，并引导学生思考作者是怎样描绘秀美的山川景色的？②教师引导学生思考文章表达了作者怎样的情怀。

（五）拓展提升——表达心中之美

诵读课文，读出心中之美。

拓展练习，表达心中之美。

将"晓雾将歇，猿鸟乱鸣；夕日欲颓，沉鳞竞跃"拓展成一段优美的景物描写，注意展开联想和想象，100字左右。

（六）布置作业

美与我们近在咫尺，我们要有双发现美的眼睛。在生活中选一景物，抓住景物的特点写一段200字的小文，把它的美跃现纸上。

（七）教学小结

今天，我们一起走进了一个美丽的世界，倾听着陶弘景为谢中书描绘的江南美好山水风光，跟着作者诗一般的语言，我们感受到了在那个喧嚣的世界里所难感受到的纯净和平和，让我们为这份无尽的美丽而陶醉、而感动吧。请记住，如果你歌颂美，即使你在沙漠的中心，你也会有听众。

【板书设计】

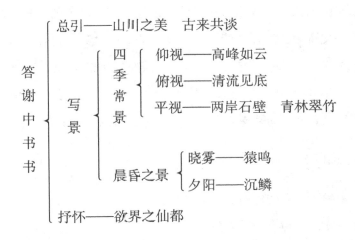

《大道之行也》教学案例

【教材分析】

《大道之行也》是部编版教材初中语文八年级下册第六单元的一篇文言文。在本单元中的课文，大多讲述了博大情怀、积极向上的情操，教材编者将它安排于此类文章中，意在使读者体会其中的不同之处。这篇文章描述了作者心中的理想社会，反映了我国古代人民对美好生活的向往，通过学习本篇古文，有助于培养学生分析文言文的能力，学习古人大胆追求理想的精神和智慧，激发学生树立远大的理想，做一个为人类造福的人。

【教学目的】

1. 理解文意，积累文言词语。

2. 通过诵读，理解"天下为公"。

3. 形成正确的社会理想。

【教学重难点】

1. 理解文意，积累文言词语。

2. 通过诵读，理解"天下为公"。

3. 形成正确的社会理想。

【教学方法】

朗读法、讨论法与点拨法相结合，探究创新法。

【课时安排】

1课时。

【教学过程】

（一）创设情境，导入新课

美好的生活谁都想过，早在两千多年以前，我国就有关于人类美好社会的构想，并定名为"大同"。今天，我们将要学习的《大道之行也》，就给我们呈现了一个古人心目中的理想社会，不妨让我们一同去感受感受。（板书文题）

（二）简介作者及背景

课件显示。

（三）读熟课文，疏通文意

课件展示本课的生字词，学生自读课文扫除生字障碍，教师播放朗读，学生听读，感受朗读语气和节奏。

教师具体指导朗读，全班齐读课文。

对照注释，借助工具书，疏通词句，粗知文意。教师提示需重点掌握的词语。

翻译课文：①根据课下注释翻译课文。②画出自己不能解释的字词。③小组讨论解决。④课堂交流翻译的情况。⑤同桌交流检查翻译的情况。

（四）理解课文，把握主旨

合作探究、讨论下列问题：①我们该如何理解"大道""大同""大道之行"也？②怎样实施"大道"，实现"大同"？③本文阐述的大同社会有哪些基本特征？④如何理解作者关于"大同"社会的思想意义？

（五）比较、拓展课文

请学生思考以下问题：文中"大同"社会跟陶渊明描绘的"世外桃源"有没有相似的地方？和《桃花源记》比较阅读，找出本文与《桃花源记》相对应的句子。

（1）是故谋闭而不兴，盗窃乱贼而不作——

（2）讲信修睦——

（3）男有分，女有归——

"大同"与"小康"的区别？

_____

_____

你还知道哪些名人对理想社会的论述？

_____

_____

（六）课堂练习（学生抢答）

根据提示抢答：

（1）"大同社会"的社会制度是公有制，就是课文中所说的（　　　　）。

（2）"大同社会"实行民主选举，即课文中所说的（　　　　）。

（3）"大同社会"实行按需分配，即课文中所说的（　　　　）。

（4）"大同社会"是各尽所能，即课文中所说的（　　　　）。

（5）"大同社会"人与人之间相互关爱，天下亲如一家，即课文中所说的（　　　　）。

（6）"大同社会"社会安定和平，即课文中所说的（　　　　）。

（七）课堂小结（教师小结）

《大道之行也》为我们描绘了一幅宏伟瑰丽的社会蓝图。在那里，人们生活着并快乐着。尽管这个理想社会在小生产的基础上不可能成为现实，但两千多年来它一直是许多进步思想家和社会改革家心中永不磨灭的"中国梦"。就是这个梦，牵系着古圣先贤，牵系着时人，让我们齐心协力，为这个美好的

"中国梦"的实现而加倍努力吧！

（八）布置作业

背诵并默写课文；描绘出你心目中的理想社会，写在周记日记本上。

【板书设计】

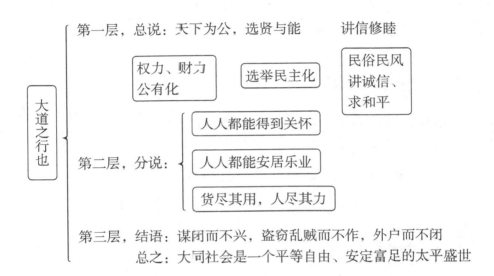

第一层，总说：天下为公，选贤与能　　讲信修睦

权力、财力公有化　　选举民主化　　民俗民风讲诚信、求和平

大道之行也

第二层，分说：人人都能得到关怀　　人人都能安居乐业　　货尽其用，人尽其力

第三层，结语：谋闭而不兴，盗窃乱贼而不作，外户而不闭
总之：大同社会是一个平等自由、安定富足的太平盛世

《送东阳马生序》教学案例

【教学目标】

1.掌握并积累一些文言实词和虚词，培养古文学习能力。

2.体会对比手法的运用。

3. 体会并学习作者刻苦学习和虚心求师的精神。

4.引导学生理解学会"为学""为人"，做一个德才兼备之人。

【教学重难点】

1.通过对比，挖掘课文深沉的思想内涵。

2.理解作者是如何用自己的切身体会勉励马生勤奋学习的。

【教学过程】

（一）导入

上课前，我们先来做个小游戏，"看图猜成语"，请看第一张图，谁能猜出这是哪个成语？猜出来的请举手。

凿壁偷光，很好，你能跟大家说说这个成语讲的是谁的故事吗？

西汉大文学家匡衡幼时凿穿墙壁引邻舍之烛光读书，终成一代文学家的故事。

悬梁刺股：苏秦，每当到了夜深人静，头昏脑涨，眼睛发涩，总想睡觉的时候，他就用锥子狠刺自己的大腿，使自己清醒后再读书。孙敬，好学，晨夕不休，及至眠睡疲寝，以绳系头，悬屋梁。

韦编三绝：孔子晚年很爱读《周易》，翻来覆去地读，使穿连《周易》竹简的皮条都断了。

程门立雪：宋代有一个叫杨时的人，去拜访一个叫程颐的大学问家。那天正下着大雪，而程颐刚好在睡觉，杨时怕打扰到老师休息，又不想放弃求学。于是就在门口的雪地里站着，恭候老师。等程颐睡醒的时候，积雪已经深达一尺。

这些成语主人公都是古代通过勤学苦读最终有所成就的人。宋濂也是这样一个勤奋好读书的人，而且还是个善于劝学的人，今天我们接着来学习他的《送东阳马生序》。上一节课我们已经疏通了课文的字词，掌握了课文的翻译，这节课我们继续品读课文。

（二）赏一赏

上周，我们班的同学根据课文内容自编自演了《宋濂求学记》，我们一起来欣赏一下。

请找出课文第1~2段中能总结宋濂求学经历的一句话。

结合文本，概括宋濂求学中所遇到的困难。（请读出文中相关语句）

宋濂是如何解决这些困难的？

（三）想一想

从宋濂解决问题的方法和心态来看，请想一想：文中体现了宋濂怎样的品质？（好学、不怕艰难、为人守信、谦虚谨慎、虚心求教、不骄不躁，关心后学）

（四）找一找

因为这些优秀品质，宋濂取得很高的成就，文中他也非常谦虚地指出自己的成就，大家找一找，在哪里。

宋濂取得的成就：犹幸预君子之列，而承天子之宠光，缀公卿之后，日侍坐备顾问，四海亦谬称其氏名。

赠序目的：劝学。

（五）劝说方式对比

1.《送东阳马生序》（长辈对同乡青年）

宋濂现身说法，对比自己与马生的情况。文中提到的"马生"的学习条件和宋濂相比如何？（结合课文内容，比较一下宋濂与同舍生的求学情况）

不说大道理，现身说法。用自己的亲身经历勉励马生勤奋学习，希望马生能学有所成。

此时的马生正在太学学习，身为同乡的宋濂再次来到京都，并写了这篇序送给马生。

太学的条件优越，要充分运用。但是，结果却是，"其业有不精，德有不成者，非天质之卑，则心不若余之专耳，岂他人之过哉！"

宋濂：盖余之勤且艰若此。

太学的条件太过于优越，容易使人养尊处优、不求上进，身在顺境，更要有志于学，专心致志。（这些话不能明说，须含蓄）

2.《孙权劝学》（君王对臣子）

孙权现身说法，以自己的读书经验来让吕蒙明白学习的重要性。

3.《邹忌讽齐王纳谏》（臣子对君主）

邹忌以设喻的方式，以家事喻国事，拿齐王所处和自己进行类比，最后得出"王之蔽甚矣"，委婉含蓄。

4.《出师表》（长辈对年轻君主）

晓之以理，动之以情，表明心迹，打动君王。

5.《唐雎不辱使命》（使臣对君王）

唐雎以理相争，针锋相对，说到做到，用行动来表示。

（六）讲一讲

你身边认识的人如果出现厌学、怠学的状态，你会如何劝说他呢？

（七）练一练，课后作业

课外阅读袁枚的《黄生借书说》。

请以《酬潜溪先生书》为题，给宋濂写一封信，你可以感激他的劝勉，也可以谈谈你从他身上收获的珍贵财富。

【交流与思考】

《送东阳马生序》对于面临中考的初三学生来说，具有现实意义。作为第二课时，把教学的重难点设为通过对比，让学生更好地把握宋濂的精神品质，让学生理解宋濂是如何用自己的切身体会来勉励马生勤奋学习的，从而引导学生学会"为学""为人"，做一个德才兼备的人。

本课导入借"看图猜成语"和观赏《宋濂求学记》，让同学了解宋濂勤学苦读的经历，既复习了课文内容，又活跃了课堂气氛。学生自编自导课本剧，能激发学生的学习兴趣，化被动为主动。然后通过快速阅读，提炼关键信息，从课文总结宋濂求学经历的一句话"盖余之勤且艰若此"入手，紧扣"艰""勤"两大重点分析文本，从而把握宋濂学习过程中遇到的困难和付出的努力。在此基础上，完成对宋濂形象的把握，并更好地学习宋濂的优良品质和人格魅力。

然后再讲文法，引过梳理宋濂如何来劝说马生，引导学生明白，宋濂通过讲述自己的求学经历是现身说法，通过对比，让学生更好地掌握宋濂的劝说方式。作为初三学生，更要注意知识的梳理和总结，因此，设计了最近学习的课文的"劝说方式比较"。为了全面分析，列了好几篇文章，如果能有的放矢选一两篇比较有代表性的作品重点分析，可能效果会更好。然后让学生学以致用，"练一练"劝说方式的运用。之后落实到现实意义，将古文与现实生活联系起来。最后课堂作业的布置，以《酬潜溪先生书》为题，既是对课堂学习的反馈，也是一种创造性的作业，让学生思考宋濂的故事对新时代的我们的启示意义。

整个教学过程坚持以生为本，如能多一点诵读指导，再注意一下"文"和"言"的平衡，相信效果会更好。

《曹刿论战》教学案例

【教材分析】

《曹刿论战》选自《左传·庄公十年》。本篇选文又题作"齐鲁长勺之战"或"长勺之战"。这一战争发生在公元前684年，是历史上以弱胜强的著名战例之一。这篇课文的主要内容不是记叙这次战役的进程，而是记录曹刿关于战争的论述，它生动地说明，政治上取信于民，运用正确的战略战术和掌握战机，是弱国战胜强国的必要条件。全文的关键是"远谋"一语，通过人物对话，曹刿的"远谋"和"肉食者鄙"都得到了鲜明的再现。

教学本文，首先应引导学生整体把握文意，并要求学生积累文言重点词语，提高文言文的阅读能力；其次应引导学生把握本文以"论战"为中心选材、组材，详略得当的特点，分析曹刿和鲁庄公两个人物形象，体会作品的艺术魅力，理解课文的主旨。

课堂教学应以诵读法贯穿始终，读读译译，想想品品，以读代讲，以品促读，让琅琅书声伴随课堂每一个角落，让学生在课堂的每一分钟都进行思考，全面提高文言文教学效率。

【教学目标】

知识与技能：

1. 积累文言文常用的实词、虚词、特殊句式。

2. 了解《左传》及齐鲁长勺之战的背景，把握曹刿的战略、战术思想，理解鲁军以弱胜强的原因。

过程与方法：

1. 把握本文以"论战"为中心组织材料、详略得当的特点。

2. 分析曹刿和鲁庄公两个人物形象。体会作品的艺术魅力，理解课文的主旨。

情感、态度与价值观：

学习曹刿铁肩担道义、忠心献祖国的爱国精神。

【教学重难点】

1. 理清行文思路，背诵课文。

2. 体会课文剪裁得当的叙事特点。

3. 理解曹刿关于战争问题的论述。

【教学方法】

诵读法、品读法。

【教具准备】

多媒体。

【课时安排】

2课时。

【教学要点】

朗读课文，整体感知　译读课文，把握文意；研读课文，背诵全文。

【教学过程】

（一）导入新课

课前学习：《覆巢之下安有完卵》。

孔融被收，中外惶怖。时融儿大者九岁，小者八岁，二儿故琢（zhuó）钉戏，了无遽（jù）容。融谓使者曰："冀（jì）罪止于身，二儿可得全不（fǒu）？"儿徐进曰："大人，岂见覆（fù）巢之下，复有完卵乎？"寻（xuán）亦收至。

（二）资料助读

1.《左传》

《左传》又称《春秋左氏传》或《左氏春秋》，是记载春秋时期各诸侯国的政治、经济、军事、外交、文化等方面情况的一部编年体史书。《史记》和《汉书·艺文志》都认为它是孔子的同代人鲁国史官左丘明所作。清代有的学者认为系刘歆改编。近人认为是战国初年人根据各诸侯国史编成。记事起于鲁隐公元年（前722年），终于鲁哀公十四年（前454年）。书中保存了大量古代史料，文字简练生动，尤其善于描写战争及复杂事件，又善于通过对话和行动表现人物的性格特点，对后代散文的发展有很大影响。

《左传》分年记事，没有篇名。晋杜预把它按年代顺序分附在《春秋》后面，认为它是用史实来阐述《春秋》经义的。《春秋》记事非常简单，近乎大事年表，如这篇课文所记之事在《春秋》中就只有一句话："十年春，王正月，公败齐师于长勺。"我们现在所看到的《左传》节文的标题，都是后人加的。

2. 关于历史散文体例

历史散文也称史传文，分为国别、编年、纪传三体。

国别体：通过各国史事个别独立地排列载述，以完成对某一历史进程的叙述。国别体史书有《国语》和《战国策》。《国语》以记言为主，兼及记事；《战国策》以记事为主。

编年体：以时间为经，以事件为纬来叙写史实。它的优点是线索清楚、背景明确、系统性较好；不足是不便于集中而广泛地描写人物。《春秋》《左传》和《资治通鉴》都是编年体。

纪传体：以人物为中心叙写历史，为司马迁所创。古代官方编辑的"二十四史"用的都是纪传体。这种体例对后世影响很大。

3. 长勺之战背景简介

本篇选文又题作"齐鲁长勺之战"或"长勺之战"。这一战事发生在鲁庄公十年（前684年），是齐桓公即位后向鲁国发动的第二次战争。

前此两年，公子小白（齐桓公）与其庶兄公子纠曾进行过激烈的争夺君位的斗争。当时篡君夺位的公孙无知（齐襄公堂弟）已被杀，齐国一时无君，因此避难于鲁国的公子纠和避难于莒国的公子小白都争相赶回齐国。鲁庄公支持公子纠主国，亲自率军护送公子纠返齐，并派管仲拦击、刺杀公子小白。然而，鲁国的谋划没有成功，公子小白抢先归齐，取得了君位。齐桓公即位后当即反击鲁军，两军交战于乾时（齐地），齐胜鲁败。乘兵胜之威，齐桓公胁迫鲁国杀掉了公子纠。齐桓公虽在其庶兄的血泊中巩固了权位。但对鲁国却一直怨恨难平，因此转年春便再次发兵攻鲁，进行军事报复和武力惩罚。本篇所记即这次在鲁地长勺展开的战事。

（三）朗读课文，整体感知

教师播放示范朗读磁带，学生听读，把握字音。

教师出示重点字音：

刿（guì） 鄙（bǐ） 孚（fú） 间（jiàn） 遍（biàn） 靡（mǐ）

学生齐读课文，教师根据朗读情况纠正语调。如"肉食者谋之，又何间焉？"（读出反对的意味），"小惠未遍，民弗从也。"（读出否定的意味），"忠之属也，可以一战。"（读出肯定的意味），"夫战，勇气也。一鼓作气，再而衰，三而竭。"（语调应舒缓、深沉，读出议论的语气），"夫大国，难测也，惧有伏焉。"（有解说的意味，语调应低缓）。

（四）合作学习，疏通文意

师生共同研习第一段。

学生齐读第一段。

学生讨论交流本段中的难词难句，教师适时点拨，解答学生的疑问。

选一名学生翻译第1段，其余同学评点，指出错误和不足。

教师提示本段中的重点字词：

重点实词：间、信、孚、福。

古今异义词：鄙、牺牲、狱、可以。

肉食者：吃肉的人。"肉食"在当时与公膳制有关，公膳是对某种品位的官员在办公时间免费供给的一种膳食，按规定"大夫以上，食乃有肉"。因此"肉食者"是指古代享受公膳食肉待遇的大夫以上的官员，此处借指有权位的人。

内容梳理：

提问："肉食者鄙，未能远谋"可以看出曹刿具有怎样的品质？

明确：曹刿身份卑微，却能关心国家大事，为国事深谋远虑。

提问：鲁庄公认为战前需做哪几个方面的准备呢？曹刿是如何评价的？

明确：衣食所安，弗敢专也，必以分人——小惠未遍，民弗从也。牺牲玉帛，弗敢加也，必以信——小信未孚，神弗福也。小大之狱，虽不能察，必以情——忠之属也。可以一战。

提问：为什么说"小大之狱，虽不能察，必以情"是"可以一战"的主要条件？

明确：鲁庄公借小惠赢得近臣的拥护，借小信赢得神灵的保护，这两点都被曹刿否定。在曹刿的启发下，庄公终于认识到人民的重要性，民心向背是决定战争胜负的主要因素。此处突出表现了曹刿重视人民力量的政治远见。

（五）品读课文，鉴赏《左传》的艺术特色

提问：请同学们谈谈对课文情节安排、人物塑造两个方面的认识。并用"从……中可以看出……"的句式说说你的看法。

学生自由发言。

（六）关于人物塑造

1. 关于曹刿

课文集中体现了曹刿作为一名军事家的"远谋"。曹刿请见，表现出他的爱国热情；曹刿问战，表现出他的政治远见；曹刿参战，表现出他卓越的军事才能；曹刿论战，表现出他过人的谋略。

2. 关于鲁庄公

课文集中体现了鲁庄公作为国君见识的"鄙"。鲁庄公把战争的希望寄托在施行"小惠"和祈求神灵的保佑上，说明他政治上的无能；他急于求战、急于攻击，说明他军事上的无知。

但鲁庄公不是一个昏君。鲁庄公备战见曹刿，三问三答，实事求是，虚心听取意见；庄公作战用曹刿，亲自参与打仗，表现他礼贤下士、任人唯贤；庄公战后问曹刿，不因胜而自喜，表现出他为求真知而不耻下问。

因此，可以得出鲁庄公并非昏君。

3. 关于比照映衬

作者巧妙地运用比照映衬的手法，使曹刿的形象鲜明生动。以曹刿与"乡人"的对比突出曹刿抗敌御侮的责任感和护卫祖国的政治热忱。从曹刿与庄公的对比中，以鲁庄公的驽钝、浮躁反衬曹刿的机敏、持重，一个出身下层而深谋远虑的谋士形象跃然纸上。

4. 关于详略

课文剪裁详略得当。本文以曹刿为中心，详细地描写了他在战前、战中、战后的表现；对于战争双方的对峙、交锋等则略写。这样安排，突出了曹刿的"远谋"。

（七）布置作业

课堂练习：

（1）解释下列加点的词语

① 又何间焉（　　　） ②小惠未遍（　　　） ③小大之狱（　　　）

④故克之（　　　）

（2）用现代汉语翻译下面的句子

① 肉食者鄙，未能远谋。

_____

② 一鼓作气，再而衰，三而竭。

_____

（3）下列对文章内容分析不当的一项是（　　　）

A. 曹刿与乡人的对话，表现出曹刿作为一介平民对国家高度的责任感。

B. 本文第2段运用对比表现出曹刿和庄公指挥才能的高下之别。

C. 本文在剪裁上别具匠心，详写论战，略写作战，意在表现曹刿的"远谋"。

D. 在曹刿的心目中，士兵的勇猛无畏是取得战争胜利的先决条件。

错误项修正：_____

（4）阅读以下链接材料，并结合选文内容，说出你的结论及理由。

[链接材料] 公元前260年，长平之战中，赵军与秦军对峙。赵王急于求胜，不听蔺相如和赵括母亲的劝告，执意用纸上谈兵的赵括代替老将廉颇指挥作战。赵括一到长平，立即改守为攻，主动全线出击，结果中了秦军佯败之计，导致四十余万赵兵被坑杀。

_____

_____

【交流与思考】

《曹刿论战》是九年级下册的一篇课文。本课以课前学习《覆巢之下安有完卵》，聚焦学生的注意力，引出人人有责这一话题，进而解释曹刿为何论战，顺理成章地引入新课。紧接着通过小组合作讨论的方式翻译文章，明确文章的重点，学生讨论热烈。重点难点翻译、师生互问和互动效果很好。接着，分析人物形象，讨论战役胜利的原因。扎扎实实落实古文字、词、句翻译的教学任务，同时在师生互动中，教师风趣幽默的语言如春风化雨般激发学生学习、讨论古文的热情，处处彰显对学生古文阅读思维能力的培养，引起学生诸多共鸣与思考。

第六章

初中语文散文阅读教学案例

《春》教学案例

【教学目标】

1. 培养学生独特的感悟能力和文学鉴赏能力。

2. 通过对朱自清的《春》的语言品味和写景方法的赏析，收获写作的方法和技巧。

【教学方法】

自主学习和探究学习。

【教学过程】

（一）导入

《春》这篇脍炙人口的写景美文，吸引人的地方不仅仅是它描绘的春天的美好，其实，还有更多东西值得我们去挖掘。今天，我们就一起来研究《春》这篇文章能给我们的写作带来哪些启发？

（二）分组准备，讨论交流

思考这篇文章对于我们的写作有什么借鉴和指导意义？（提示：结构、谋篇布局、语言、表达方式等）

第一组：结构特征。

问题：课文描绘了春的哪些景物？试着用小标题概括。

——春草图、春花图、春风图、春雨图、迎春图。

——图画式并列结构。

第二组：语言特点。

问题：课文在描绘了春的景物时，哪些语言让你印象深刻？能不能试着写一篇赏析？

你不让我，我不让你，都开满了花赶趟儿。

——拟人，从视觉上写出了春花竞相开放、春花争艳的情景。

红的像火，粉的像霞，白的像雪。

——比喻、排比，从视觉上写出了春花艳丽的景象。

闭了眼，树上仿佛已经满是桃儿、杏儿、梨儿。

——想象，由眼前的春花想到秋实。

花下成千成百的蜜蜂嗡嗡地闹着，大小的蝴蝶飞来飞去。

——侧面衬托野花的多、美、香。

野花遍地是：……散在草丛里像眼睛，像星星，还眨呀眨的。

——比喻、拟人，从视觉上写出了野花闪闪发光、轻轻摆动的明丽色彩，强化动感。

第三组：句式感知。

比较以下各组中的两个句子，说说哪句的表达效果更好，为什么？

①盼望着，盼望着，东风来了，春天的脚步近了。

②盼望着，春风来了，春天的脚步近了。

——①句表达效果更好。用两个"盼望着"，更好地表达出盼望春天的急切心情。

②句中"春风""春天"不如①句中的"东风""春天"有变化。

① 草偷偷地从土里钻出来，嫩嫩的，绿绿的。

②小草从土里长出来了，嫩的，绿的。

——①句表达效果好。"偷偷"写出了春草不知不觉地就长了出来，更富于情趣；"钻"比"长"更能显示春草旺盛的生命力；"嫩嫩""绿绿"，用叠词，更能表达对春草的喜爱之情。

第四组：段落感知。

春风图中，从哪些感觉写出了春风的特征？

"'吹面不寒杨柳风'，不错的，像母亲的手抚摸着你"——触觉。

泥土气息草味花香——嗅觉。

"鸟儿将巢安在繁花嫩叶中……成天嘹亮地响着"——听觉。

总结：语言特点有①运用各种修辞手法，如比喻、拟人、排比等。②从不同的感官角度来描写，如视觉、听觉、触觉等。③按照一定的顺序来描写，如从高到低、从近到远、从上到下等。④虚实结合，动静结合。

（三）作业

仿照本文，通过视觉、听觉、味觉、触觉、嗅觉等角度来描写《校园的秋色》，写一段300字左右的文字。

【交流与思考】

朱自清的《春》是一篇写景的典范之作。教学上总是跳不出"教师分析，学生接受"的圈子。本堂课通过学习跳出圈子，尝试从转变学习方式入手，寻找新的教学方法。

转变学生学习方式最好的办法，就是使学生不再是被动地接受知识，而是在学习过程中学会发现、探究问题。这节课教学充分尊重学生的主动性，积极鼓励学生主动思考、提问、作答，培养学生的批判意识和怀疑精神，这样极大地提高了学生的学习兴趣，培养了学生的创造思维能力。但是，每个学生的学习能力是有差异的，尊重个体差异是阅读教学的一个关键点，于是，将学生分成四个组，每个组根据其学习能力给予学生不同的学习任务，然后，通过引导学生自主合作、自主思考探究文章值得我们借鉴的写作方法，或从结构或从语言上，让每个学生都能够有自己的发现，畅所欲言，自己发现、自己总结、自己做笔记。

　　但是在教学过程中仍存在如下问题：在进行问题设计时，对于问题的设计还是简单粗糙了些。每个组内学生的参与情况把控不到位，无法关注到每个学生的表现。

《再塑生命的人》教学案例

【教学目标】

知识与能力：

1. 了解海伦·凯勒的生平事迹及其品质。

2. 理解侧面描写的表达效果。

过程与方法：

1. 学会有感情地朗读，体会海伦的内心世界。

2. 合作探究，品味关键语段。

3. 利用文本进行仿写练习。

情感、态度和价值观：

1. 感悟莎莉文老师深沉的爱和独特的教育方式，懂得感恩。

2. 学习海伦凯勒自强不息、奋斗不止的精神。

【教学重难点】

1. 理解侧面描写的妙处，诵读体会海伦的内心变化。

2. 从关键语段和细节描写中感受海伦丰富生动的生命状态，发现文字中的温情和感恩。

【课时安排】

1课时。

【教学过程】

（一）导入

学生入场时，播放音乐《相信爱》，导入设计：从百度"孤星湾"计划谈起。

无声世界里的特殊音符

孤独星球上的明亮灯火

混沌世界中的希望曙光

这些公益广告词，使我想起《再塑生命的人》。本文所描述的不是一个普通的教师完成对一个普通儿童的启蒙、开化的过程，而是一个特教艺术家运用独特的教育艺术，取得特殊教育成功的一个典型范例。可以说是一曲美丽人性的颂歌。

今天，我们再读这篇文章，一起探究：一个老师，能有多大的力量？能创造怎样的奇迹？一个盲聋哑的孩子，她能怎样用文字去塑造自己恩师的形象？

（二）解题，聚焦"再塑者"的行为

问题：你如何理解题目"再塑生命的人"？

提示：这个人，指的是莎莉文老师。"再塑生命"即重新塑造一个人的精神生命。

问题：怎样再塑？莎莉文老师做了什么？

学生活动：请用跳读的方式，找出相关的句子。

明确：

老师安妮·莎莉文来到我家……

一个人握住了我的手，把我紧紧地抱在怀里。

第二天早晨，莎利文老师带我到她的房间，给了我一个布娃娃。

莎利文老师拉起我的手，在手掌上慢慢拼写"doll"这个词。

有一天，莎利文老师给我一个更大的新布娃娃，同时也把原来那个布娃娃拿来放在我的膝上，然后在我的手上拼写"doll"这个词，用意在于告诉我这个大的布娃娃和小布娃娃一样都叫作"doll"。

这天上午,我和莎利文老师为"杯"和"水"这两个词发生了争执。她想让我懂得"杯"是"杯","水"是"水"……她没有办法,只好暂时丢开这个问题,重新练习布娃娃"doll"这个词。

莎利文小姐把可怜的布娃娃的碎布扫到炉子边,然后把我的帽子递给我……

莎利文老师把我的一只手放在喷水口下,一股清凉的水在我手上流过。她在我的另一只手上拼写water——水,起先写得很慢,第二遍就写得快一些。

提问:如果文章这样写,能感受"再塑"之恩吗?

回答:感染力不够。太平淡了。

点拨:这些平平淡淡的叙述,涉及老师的教育行为,包含着爱心、耐心和教育的智慧。但是如果不以理性的思维去判断,而是单纯地感受语言,那文字的感染力是不够的。

(三)聚焦"生命"

海伦的生命有怎样的体验和变化?

问题:作者因为其自身的局限,老师的音容笑貌写不出,老师的言谈举止写不出,老师的再塑艰辛写不出,请思考:该以＿＿＿＿＿＿＿＿＿＿＿写之?

预设答案:可以写海伦的体验和变化——调动多种感官感知这个世界,描摹自己百味杂陈的学习经历,聆听自己内心的声音,写出自己的真实感受……

学生活动:举例说说文中作者如何从自己的角度来描摹体验和变化。

预设1:调动多种感官感知这个世界,如文中关于阳光、金银花的描写。

预设2:百味杂陈的学习经历。

① 初尝成功,急切分享。

当我最后能正确地拼写这个词时,我自豪极了,高兴得脸都涨红了,立即跑下楼去,找到母亲,拼写给她看。

点拨:"极了""脸都涨红了"准确形容"我"在第一次正确拼写单词后,内心无法抑制的兴奋和成就感,程度越深,感情越浓烈。

② 遭受挫败，冷酷发泄。

我实在有些不耐烦了，抓起新洋娃娃就往地上摔，把它摔碎了，心中觉得特别痛快。发这种脾气，我既不惭愧，也不悔恨，我对布娃娃并没有爱。

点拨："特别"一词强调了发泄之后"痛快"的程度，我们生活中也会有类似的感受，但这是一种不良的宣泄方式，但对海伦来说，这是唯一的释放。由此可见，海伦在没有爱的世界里多么压抑。

③ 恍然大悟，生命苏醒。

突然间，我恍然大悟，有一种神奇的感觉在我的脑中激荡，我一下子理解了语言文字的奥秘了，知道了"水"这个词就是指正在我手上流过的这种清凉而奇妙的东西。

"水唤醒了我的灵魂，并给予我光明、希望、快乐和自由。"

点拨：作者在这里描绘了自己细腻的感觉——神奇的激荡的感觉，清凉而奇妙的东西。这就像一把钥匙开启了海伦的心门。这对一个失明的人来说，就是光明、希望、快乐和自由。

苏醒的还有什么？

——求知的欲望，对生命的感知，爱，怜悯……

"水"不只是流动的水，还是知识的甘泉，滋润了海伦干涸的心田。更是情感的洪流，冲开冰冷的世界之门。我们可以感受到一个孤独的灵魂发现了生命的存在，一个迷茫的孩子感受到求知和发展的希望，一个冷漠的内心变得温暖，一个硬邦邦的心变得柔软……

预设3：聆听自己内心的声音，写出自己的真实感受（重点赏析）。

重点赏析如下句子，感知海伦生命状态的变化。

最迷茫的句子——

（第4段）朋友，你可曾在茫茫大雾中航行过，在雾中神情紧张地驾驶着一条大船，小心翼翼地缓慢地向对岸驶去？你的心怦怦直跳，唯恐意外发生。在未受教育之前，我正像大雾中的航船，既没有指南针也没有探测仪，无从知道海港已经临近。我心里无声地呼喊着："光明！光明！快给我光明！"

点拨：运用比喻，用雾天海上航行十分形象地展示了作者坠入黑暗世界找不到方向的心灵感受。反复呼唤"光明"，表达了作者对光明的渴求。

朗读指导。（重读"神情紧张""小心翼翼""怦怦""惟恐""呼喊"；递进激昂读加较长停顿"光明！光明！快给我光明！"）

拓展阅读：

随着年龄的增长，我表达自己思想的愿望越来越强烈。我尽力表达自己的意思，但是我的思想再也无法通过几种单调的手势传递给别人。

每当这时，我就好像被许多看不见的魔爪紧紧抓住，我拼命地想挣脱它们，却无能为力。烈火在我胸膛里燃烧，我却无从表达。于是，我疯狂地踢打、哭闹、吼叫，在地上打滚，直到筋疲力尽……

——《假如给我三天光明》

最绝望的句子——

（第9段）在我的那个寂静而又黑暗的世界里，根本就不会有温柔和同情。

点拨：重读"根本"，读出这种愤怒和绝望的感觉。这是个怎样的生命？黑暗的世界，生命的牢笼，没有光明，没有温度，没有情感……一个受教育者本身没有爱，或者不懂爱。教育者应该怎么办？又能有什么作为呢？该怎样做才能温暖这个处于寒冬中的孩子，从而将其引领向生命的春天？

拓展阅读：

我嫉恨妹妹夺走了母爱。现在，妹妹又霸占了南希（布娃娃）的摇篮。我再也无法忍受了，疯狂地冲过去，愤然把摇篮推翻。多亏母亲及时赶来，接住了妹妹。不然她很有可能被摔死……

——《假如给我三天光明》

最幸福的句子——

这些字使整个世界在我面前变得花团锦簇，美不胜收。记得那个美好的夜晚，我独自躺在床上，心中充满了喜悦，企盼着新的一天快些来到。啊！世界上还有比我更幸福的孩子吗？

点拨：花团锦簇，美不胜收——细腻而准确地描绘了作者这种对幸福的感知，一个曾经绝望的灵魂，现在对生命满怀深情，对未来充满了企盼和向往。

拓展阅读：

我所取得的一切，无不归功于莎莉文老师。

——《假如给我三天光明》

感知变化：在文字中，我看到海伦走过生命的严冬，挣脱生命的牢笼——从＿＿＿＿到＿＿＿＿，从＿＿＿＿到＿＿＿＿，从＿＿＿＿到＿＿＿＿……

参考：黑暗到光明，前路迷茫到坚信未来；绝望、痛苦到喜悦、幸福；冷酷无情到满怀深情……

小结：作者用朴实的语言深情地抒写了自己的心灵感受，从侧面烘托了莎莉文老师的美丽形象，以此来表达对莎莉文老师的感激之情。这是值得我们学习的一个写作方法。

（四）重温感动，学以致用

学生活动：仿照第4段，从海伦的角度，写写"幸福"的感觉。

学生仿写：幸福的海伦——朋友，你可曾在＿＿＿＿？＿＿＿＿。现在的我就像这＿＿＿＿。我的心里快乐地呼唤着："＿＿＿＿"

参考：①朋友，你可曾在春天的细雨中漫步过，春风像母亲的手抚过你的脸庞，如丝的细雨落在你的发梢，清新的春的气息沁入心脾。你的身心如此舒展。现在的我，就像细雨中斜飞的燕子，生命的姿态轻快又优美。我心里快乐地呼唤着："飞翔！飞翔！我要飞翔！"

② 朋友，你可曾在秋日的阳光里郊游过，阳光暖暖地拥抱着你，空气里暗香浮动，清凉的溪水流过你的指尖。现在的我，就像站在阳光里仰望蓝天，心中明朗又清透。我心里快乐地呼唤着："明天！明天！美好的明天快些来！"

（五）作业

课下认真阅读《假如给我三天光明》。

【板书设计】

再塑生命的人

迷茫绝望—喜悦幸福

分享—挫败—顿悟

侧面烘托恩人形象

《猫》（第2课时）教学案例

【教学目标】

1. 了解三次养猫经历的情感波澜。
2. 思考故事中蕴含的人生哲理。

【教学重难点】

引导学生体会作者的思想感情。

【教学过程】

（一）回顾上节课内容

上节课我们通过默读，了解了故事的大意，明白了"我"家养的猫的外形与性格各异，但都是一种结局——失猫（PPT表格）。

	第一只猫	第二只猫	第三只猫
来历	从隔壁要来的	从舅舅家要来的	流浪来的
外形	花白、"如带着泥土的白雪球似的"	浑身黄色	毛色花白、不好看、很瘦、"毛被烧脱好几块，更觉得难看了"
性情	很活泼、滚来滚去、扑、抢	更有趣、更活泼、乱跑、爬树、捉老鼠	不活泼、忧郁、懒惰
家人的态度	"心上感着生命的新鲜与快乐"	"饭后的娱乐"提心吊胆、一天都要查问好几次	"都不喜欢它"、若有若无、三妹"并没有像对前几只小猫那样感兴趣"、可厌的
失猫心情	一缕酸辛、可怜、"不要紧……再向别处要一只"	怅然、愤恨、诅骂、"自此，我家好久不养猫"	"自此，我家永不养猫"

由此产生了一个问题（PPT）：同样是失猫，为什么最不讨人喜欢的第三只猫亡失了以后，"我"却'更难过得多'？

上节课我们了解到，课文是反映旧社会家庭的小说集——《家庭的故事》里的第一篇小说，小说通常含有一些隐喻。所以不妨更进一步思考（PPT）——作者借养猫的故事，想表达什么看法或情感？

这节课，就让我们来"解密"作者的情感。

（二）失猫：两种疼痛

1. 交流研讨

依照课文内容，分别梳理三次养猫过程中，"我"的情感变化。（PPT）

第一只猫：喜欢—快乐—酸辛。

喜欢、快乐："心上感着生命的新鲜与快乐""可以微笑着消耗过一二小时的光阴"。

酸辛：失猫以后。

点拨："一缕"的酸辛——感情或许还不够深厚；"再向别处要一只"——可替代。

第二只猫：喜欢—放心不下—慌乱—怅然、愤恨。

喜欢、放心不下："很为它提心吊胆""一天都要……查问好几次"。

（不见了以后）慌乱：（我）亡失的预警、（三妹）慌忙、（全家）忙乱地寻找"好像亡失了一个亲爱的同伴"、（张妈）可惜、（我）还有一线希望。

（亡失证实）怅然、愤恨："诅骂着那个不知名的夺去我们所爱的东西的人"。

点拨："同伴"与"所爱的东西"的"矛盾"——"同伴"：平等；"东西"：被拥有、从属地位。

第一种疼痛：亡失之痛（亡失心爱之物的疼痛）。

第三只猫：漠视—怀疑—暴怒—内疚、忏悔。

漠视："若有若无"。

怀疑："常常跳在桌上，对鸟笼凝望着"。

暴怒："怒气冲天……追过去打了一下""愤愤的，以为惩戒得还没有快意"。

内疚、忏悔："我心里十分难过，真的，我的良心受伤了，我没有判断明白，便妄下断语，冤苦了一只不能说话辩诉的动物。想到它的无抵抗的逃避，亦使我感到我的暴怒、我的虐待，都是针，刺我良心的针。"

"我很想补救我的过失，但它是不能说话的，我将怎样的对它表白我的误解呢？"

"我永无改正我的过失的机会了！"

第二种疼痛：忏悔之痛（心灵深处永远的伤痛）。

2. 合作探究

"我"是否真的爱猫？三妹呢？（PPT）

"我"和三妹"爱"猫，是因为猫可爱（能享受逗猫的乐趣）、有本领（帮人解决问题）——对人"有利"，所以是有条件的。当条件撤去（如第三只猫），"爱"便不存在了。但这只是喜欢，并不是爱，真正的爱是无条件的。

（三）谁是真正的爱猫之人

小说的出场人物——"我"、妻子、三妹、母亲、二妹、李妈、张妈。

张妈：

连向来不大喜欢它的张妈也说："可惜，可惜，这样好的一只小猫。"

——好像不喜欢。

午饭时，张妈诉说道："刚才遇到隔壁周家的丫头，她说，早上看见我家的小猫在门外，被一个过路的人捉去了。"

——实际上十分关心。

冬天的早晨，门口蜷伏着一只很可怜的小猫，毛色是花白的，但并不好看，又很瘦。它伏着不去。我们如不取来留养，至少也要为冬寒与饥饿所杀。张妈把它拾了进来，每天给它饭吃。

——甚至施以援手。

小结：张妈对小猫的援助是不以"是否对人有利"为标准的，而是出于对生命的怜惜。真正的爱往往是无条件的。

张妈与猫：

（张妈）妻听见了，也匆匆地跑下来，看了死鸟，很难过，便道："不是这猫咬死的还有谁？它常常对鸟笼望着，我早就叫张妈要小心了。张妈！你为什么不小心？"

张妈默默无言，不能有什么话来辩护。

（猫）"不能说话辩诉的动物"。

——同是不能辩诉的弱者。

（四）主题探讨

所以小说不只是写猫，详写的三只猫和略写的张妈指向的都是一类人：在社会中处于底层，无法逃脱亡失的命运，无法为自己的冤屈辩诉的弱者。

交流分享：你觉得作者写这个故事，是想表达什么看法或情感？

（五）总结

但愿生活能少一些私心与偏见，多一点宽容与公正。

但愿弱势群体能拥有话语权，不再悲楚与沉默。

【板书设计】

猫

郑振铎

小说　隐喻

"我"的情感

第一只猫：喜欢—快乐—酸辛　　　　　　　　喜欢　≠　爱

第二只猫：喜欢—放心不下—慌乱—怅然、愤恨　（有条件）（无条件）

第三只猫：漠视—怀疑—暴怒—内疚、忏悔

《一棵小桃树》教学案例

【教学目标】

知识与能力：

1. 了解贾平凹的生平事迹。

2. 理解托物言志的写作方法。

过程与方法：

1. 有感情地朗读课文，品味关键语句。

2. 比较阅读，理解"我"与小桃树的相似经历。

情感、态度与价值观：

1. 学习小桃树顽强不屈的精神。

2. 体会作者对小桃树独特的情感。

【教学重难点】

1. 比较阅读，品味关键语句，理解"我"与小桃树的相似经历。

2. 体会作者对小桃树独特的情感，理解托物言志的写作方法。

【课时安排】

1课时。

【课前准备】

1. 扫除生字词障碍。

2. 自读课文，了解小桃树的生长经历。

【教学过程】

（一）导入：激发兴趣

（幻灯片展示贾平凹的话）曾经有人说过"你给我一滴眼泪，我就看到了你心中全部的海洋"。你们知道说这句话的人是谁吗？他就是中国当代著名的作家贾平凹。今天，我们一起走进他的《一棵小桃树》，看看他从一棵小桃树上又能看到什么？

（二）初识：桃树形象

作者在文中多次叫小桃树为"我的小桃树"。他为什么要这样称呼它？请全班齐读第1段。

明确：作者称小桃树为"我的小桃树"。因为作者太爱怜小桃树，在爱怜中产生了自我忏悔、自我安慰。作者对小桃树有着特殊的感情，因而他要执着地这样称呼它。

作者何以对小桃树有这样的深情？这与小桃树的经历息息相关。小桃树的经历分为来由、发芽、生长、开花四个阶段。请同学们用5分钟默读第2段至第13段，边读边画出有关小桃树成长经历的句子，梳理一下小桃树的经历，并想想：这是一棵怎样的小桃树？（板书：小桃树）

明确：①小桃树的经历：奶奶从集市上买来"仙桃"，作者把"仙桃"的桃核种在角落的土里，但很快便忘却了。发芽的小桃树拱出一点嫩绿，长得委屈，瘦瘦黄黄的，手一碰就会断，被笑话没出息。生长中的小桃树不仅长得慢，一个春天，才长上二尺来高，样子也极猥琐。它被再次遗忘，被猪拱折过一次，差点被砍。开花的小桃树长得弱小，花瓣似纸薄，像患了病的少女，饱受着风雨摧残，最终只保留着一个欲绽的花苞。

出示表格：

形象	出生地	遭遇	结果
小桃树（第2~13自然段）			
作者（第7~8自然段）			

学生归纳填表：

形象	出生地	遭遇	结果
小桃树（第2~13自然段）	角落的土里	被遗忘、被笑话、被猪拱、差点被砍饱受风雨摧残	保留着一个欲绽的花苞
作者（第7~8自然段）			

②从小桃树的独特经历，我们可以感受到这是一棵瘦弱、可怜、饱经风霜、顽强的小桃树。

过渡：作者笔下的小桃树仅是一棵树吗？在作者的字里行间，我们总能隐隐约约地感受小桃树与作者存在着某些关联。为什么我们会有这样的感受呢？接下来，我们来继续读这篇文章。

（三）比较：桃树与"我"

活动：朗读第7、8段部分内容，边读边思考：作者出生在哪儿，后来经历了什么？（板书："我"）

也就在这年里，我到城里上学去了。走出了山，来到城里，我才知道我的渺小；山外的天地这般大，城里的好景这般多。我从此也有了血气方刚的魂魄，学习呀，奋斗呀，一毕业就走上了社会，要轰轰烈烈地干一番我的事业了；那家乡的土院，那土院里的小桃树便再没有去想了。

但是，我慢慢发现我的幼稚，我的天真了，人世原来有人世的大书，我却连第一行文字还读不懂呢。我渐渐地大了，脾性也一天一天地坏了，常常一个人坐着发呆，心境似乎是垂垂暮老了。这时候，奶奶也去世了，真是祸不单行。我连夜从城里回到老家去，家里人等我不及，奶奶已经下葬了。看着满屋的混乱，想着奶奶往日的容颜，不觉眼泪流了下来，对着灵堂哭了一场……

请用2分钟圈点勾画出作者出生在哪儿，后来去了哪儿，经历了什么？

名称	出生地	遭遇	结果
小桃树（第2~13自然段）	角落的土里	被遗忘、被笑话、被猪拱、差点被砍饱受风雨摧残	保留着一个欲绽的花苞
作者（第7~8自然段）			

点拨：①山村。后来作者走出了山，来到城里，知道了自己的渺小，知道自己的孤陋寡闻，努力学习奋斗，准备轰轰烈烈干一番事业。

过渡：作者知道了自己的渺小，决心干出一番事业，结果又如何？

②第8段：人世原来有人世的大书，我却连第一行文字还读不懂呢。

作者刚步入社会就遭受挫折，受挫后，脾性坏了，垂垂暮老，又恰逢奶奶去世了，心情十分悲痛。

联系上文，让学生说说"读不懂"的意思。

作者把人世比作大书，写出自己刚步入社会的粗浅认识，写出了自己的幼稚天真，表明了社会的错综复杂。

课堂交流：从这个表格，你们发现"我"与小桃树有什么相似点？

名称	出生地	遭遇	结果
小桃树（第2~13自然段）	角落的土里	被遗忘、被笑话、被猪拱、差点被砍饱受风雨摧残	保留着一个欲绽的花苞
作者（第7~8自然段）	山村	读不懂、奶奶去世	脾性坏了、垂垂暮老……

从表格中，可以看到"我"与小桃树的经历有着惊人的相似，都是地处偏远，出生环境差，人生遭受到巨大的挫折，命运坎坷。正因为"我"与小桃树有着相同的经历，所以"我"才会对小桃树有如此深情。（板书：相似、偏远、坎坷）

过渡：小桃树是如何唤起作者的情感共鸣的，请大家一起来读第13段。

（四）品读：雨打桃树

请听老师朗读第13段，边听边圈点勾画出生动形象的字词或蕴含情感的词语。

雨还在下着，我的小桃树千百次地俯下身去，又千百次地挣扎起来，一树的桃花，一片，一片，湿得深重，像一只天鹅，羽毛渐渐剥脱，变得赤裸的了，黑枯的了。然而，就在那俯地的刹那，我突然看见那树的顶端，高高的一枝儿上，竟还保留着一个欲绽的花苞，嫩黄的，嫩红的，在风中摇着，抖着满身的雨水，几次要掉下来了，但却没有掉下去，像风浪里航道上的指示灯，闪着时隐时现的嫩黄的光，嫩红的光。

请学生赏析批注圈点勾画出来的词，并在小组合作交流。小组交流后，课堂交流。

我的小桃树千百次地俯下身去，又千百次地挣扎起来……

"俯下""挣扎"细致的动作描写，写出了小桃树的顽强，"千百次"次数的叠加，写出了小桃树屡败屡战的悲壮，表达出作者对小桃树的敬佩。（板书：顽强、敬佩）

竟还保留着一个欲绽的花苞……

花开花谢是一个生命的过程。欲绽的花苞更能体现花的生命力，表现出花的生机。（板书：生机、惊喜）"竟"表达了作者的惊喜。

……像风浪里航道上的指示灯，闪着时隐时现的嫩黄的光，嫩红的光。

"指示灯"代表了希望，坚定了信念，让作者对未来充满了期待！黄色代表了灿烂，红色代表了热烈，在这样的灯光指引下，未来必将是绚烂多彩的。（板书：希望、期待）

男女竞读，读出小桃树的顽强、充满生机的精神。

① 我的小桃树千百次地俯下身去，又千百次地挣扎起来……（顽强）

② 竟还保留着一个欲绽的花苞……（生机）

③ ……像风浪里航道上的指示灯，闪着时隐时现的嫩黄的光，嫩红的光。（希望）

男女生竞读，生评，师补充。

全班配乐朗读，读出作者的敬佩、惊喜和期盼。（配乐齐读）

小结：在优美的朗读声中，我们仿佛看到一幅诗意的画面！这幅画有一股生命的力量，蕴含着勃勃的生机。这样的美值得我们去欣赏！

这种美唤起了作者丰富的情感，作者的情感发生了变化，从花瓣零落的忧伤走向了希望。请同学们默读第14段，同学们边听边思考：作者为什么要感谢小桃树？

我心里稍稍有些安慰了。啊，小桃树啊！我该怎么感激你？你到底还有一朵花呢，明日一早，你会开吗？你开的是灼灼的吗？香香的吗？我亲爱的，你那花是会开得很美的，而且会孕育出一个桃儿来的；我还叫你是我的梦的精灵，对吗？

点拨：桃花、"桃儿"给他以希望，唤醒了作者心中"梦的精灵"，唤醒了他儿时的梦。

（五）追问：作者的梦

活动：作者拥有一个怎样的梦？请从文中找出相关语句。

（第3段）"都吃下去吧，这是'仙桃'；含着核桃做一个梦，谁梦见桃花开了，就会幸福一生呢。"……（我）将桃核埋在院子角落的土里，想让它在那儿蓄着我的梦。

（第6段）它是我的，它是我的梦种儿长的……我的梦是绿色的，将来开了花，我会幸福呢。

点拨：奶奶赋予桃花"幸福"一生的含义。这个梦就像一颗种子一样在作者心中生根发芽，慢慢长成参天大树。与其说作者是在种树，不如说他是在种梦，梦想着自己过上幸福的生活。这个梦是绿色的，代表着希望，不断地推动着他努力向上。一个看似简简单单的"梦"却蕴含着无限的韵味。（板书：梦象征幸福）

小结：如果说身处偏远、命运坎坷是作者和小桃树表层的契合点，那么拥有希望就是他们内在精神的相通之处，以花象征幸福，以桃象征希望，这种将事物寄托作者某种理想的写作方法叫"托物言志"。（板书：托物言志）托物言志的写法使文章中的小桃树读起来就是"我"，"我"就是小桃树，"我"

要像小桃树一样百折不挠。

（六）结束语

同学们，我们一起来总结这节课的内容。

《一棵小桃树》通过_____和_____相似的经历，唤起作者儿时的_____。作者希望自己像小桃树一样，在不屈不挠的奋斗中获得_____的生活。这种特殊的写法叫作_____。（明确：小桃树、作者、梦、幸福、托物言志）

（七）作业

请选择一个你所熟悉的事物，如小草、桥、萝卜等，展开联想，寄托自己的梦想，写一段不少于200字咏物抒情的文段。

【板书设计】

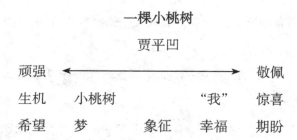

一棵小桃树

贾平凹

顽强 ←————————————→ 敬佩

生机　　小桃树　　　　　　"我"　　惊喜

希望　　梦　　　　象征　　　幸福　　期盼

【交流与思考】

第一，本课设计比较严谨且富有层次。

从激趣导入整体感知、初识桃树形象，再到比较桃树与"我"，然后品读"雨打桃树"，追问作者的梦，最后总结托物言志的写法……课堂环节的设计环环相扣，甚至过渡、小结的设计都严丝合缝，可见设计之用心。

第二，教学环节有序有效。

本文是一篇托物言志的文章。作品明写小桃树的成长经历，实写自我成长的过程。品读这个内心有深海的作家的作品，其实并不是一件容易的事情。教师应根据文本，根据学生的学情，架起学习的桥梁，打通文本、学生、教师三者之间的通道。而课堂45分钟又何其有限，教学的从容有序是需要艺术的。

在学法的指导上，本堂课选用了比较阅读的方法。比较阅读是部编版语文教育七年级下册第五单元的学习重点，小桃树与作者之间的相似点正好可以运用比较阅读的方法进行抓取。比较阅读包括以下两个方面：一是"同中求异"，另一个是"异中求同"。显然，本篇课文重在"异中求同"。为了让小桃树与作者之间的比较更为清晰、更为有效，教师选用了表格的方式，让学生在了解二者出生地、遭遇和经受遭遇后的结果中显现他们的相似点。随着教学的铺展、渗透，引导孩子关注重点语段，运用配乐情境式朗读、男女声竞读等方式，活跃课堂、感受文字。这些充分、扎实的课堂活动设计，可以让学生更多地接触文字，从而学习语言、习得技巧、发展能力。

第三，注意对文中字词的品读。

为了让学生深刻地感受这篇文字的魅力，体会字里行间所流露出来的复杂的情感，课堂善于抓住表现作者复杂情感的关键词：爱怜、忏悔、安慰。而赏析小桃树在雨中抗击风雨的语段，则更是用心动情。这个语段较为集中地呈现了作者的复杂情感，教师要求学生圈点勾画出生动形象的字词，或蕴含情感的词语，使学生主动进行逐句逐词推敲揣摩，收到了良好的效果。

《永久的生命》教学案例

【教学目标】

1. 了解议论性哲理散文。

2. 理清文章的思路，学习写作手法。

3. 揣摩重要语句，理解其哲理意义，培养树立积极的人生观。

【教学重难点】

1. 揣摩重要语句，理解其哲理意蕴。

2. 激发联想和想象，感受生命的意义。

【教学方法】

分层导学、先学后教。

【课时安排】

1课时。

【教学过程】

（一）导学提纲

围绕目标，设计问题，旨在指导学生学会带着问题自主学习。

（1）文中作者的感情有什么样的变化？

（2）作者采用了哪些写作手法？这样写有什么作用？

（3）怎样理解"生命自身"的不朽?

（4）生命在"终于要凋谢"的花朵中"永存"，是否矛盾? 说说你的理解。

（二）基础知识检测

可采用多种方式来完成，如学生独立完成或开展生生互动等。

1.读准字音，记准字形，给加点的字注音。

臼齿（　　）　　茸毛（　　）　　牛犊（　　）　　凋谢（　　）

洗涤（　　）　　俯瞰（　　）　　遏制（　　）　　濒临（　　）

2.理解重点词语的词义。

洗涤：_____

遏制：_____

俯瞰：_____

（三）重点、难点的精讲

言简意明，一般不超过15分钟。

自读课文，并在课本上做旁批和圈点，体会作者的感情变化。（找出关键句）

"我们都非常可怜"。

"人们却不应该为此感到悲观"。

"感谢生命的奇迹，它分开来是暂时，合起来确是永久"。

"让我们赞美生命，赞美那毁灭不掉的生命吧"。

作者主要运用了什么写作手法? 这样写有什么作用?

明确：先抑后扬。作者从时间过去永不再回来谈起，谈到个体的生命容易逝去，人力不可挽回，让人无奈，这是"抑"；接着写生命是神奇的、伟大的、充满活力的，"随处显示它的快乐和威势"，这是"扬"，最后抒发对生命的赞美之情。层层铺垫，将对生命的礼赞之情抒发到极致，凸显文章主旨。

怎样理解"生命自身"的不朽?

明确：以"小草""小牛犊"为喻，阐释了"生命自身的神奇"。小草卑微而柔弱，然而"春风吹又生"，小草总能焕发出生机，体现出"生命流动着"。正因如此，"它充满了希望，永不休止的繁殖着，蔓延着，随处显示它的快乐和威势"。我们才说"生命是永远不朽"的。

（四）重点、难点的分层运用

以训练为主线，围绕重点及学生迷惑的内容分层设计问题，旨在实现学生能力的提升。

生命在"终于要凋谢"的花朵中"永存"，是否矛盾？说说你的理解。

明确："凋谢"指的是一朵朵花，单个的生命；"永存"的是生命本身永不休止的繁殖着、蔓延着，永远充满生机。揭示了生命生生不息、周而复始的规律。"凋谢"与"永存"，本来是不可调和的，却又同时上演着生命的协奏曲，让人慨叹。

用一句或者几句话来谈谈你对生命的认识。

拓展：

人生自古谁无死？留取丹心照汗青。

——文天祥

谁能以深刻的内容充实每个瞬间，谁就是在无限地延长自己的生命。

——库尔茨

生命，只要你充分利用，它便是长久的。

——塞内加

生命苦短，只是美德能将它传到遥远的后世。

——莎士比亚

（五）分层作业的布置与培优补差

分层训练，反馈矫正，培优补差，旨在实现学生能力的生成与提升。

完成"分层导学"本课的内容；预习《我为什么而活着》。

【板书设计】

悲观 ———（欲扬先抑）———→ 赞美

《昆明的雨》教学案例

【教学目标】

1. 感知课文内容，梳理文章结构，了解昆明的雨的特点。

2. 品味汪曾祺散文的语言特色。

3. 体会作者所表达的思想感情。

【教学重难点】

1. 把握散文"形散而神不散"的特点。

2. 品味作者文章的语言特色，体会作品中的诗意。

【教学过程】

（一）导入

师：有一位男子，他年轻的时候曾在昆明西南联大求学，毕业后留在当地工作，这期间，他在昆明生活了七年之久，直到1946年才离开昆明。后来啊，他老了，年近古稀，却不停地寻找自己青年时代在昆明留下的足迹，他写了一篇文章，其中有这么一段话：

一棵木香，爬在架上，把院子遮得严严的。密匝匝的细碎的绿叶，数不清的半开的白花和饱涨的花骨朵，都被雨水淋得湿透了。我们走不了，就这样一直坐到午后。四十年后，我还忘不了那天的情味，写了一首诗：莲花池外少行人，野店苔痕一寸深。浊酒一杯天过午，木香花湿雨沉沉。

师：同学们，你们知道这个人是谁吗？

明确：汪曾祺先生。

师：这段话来自他的哪篇作品呢？

明确：《昆明的雨》。

师：好，今天我们就跟随汪曾祺先生的脚印，一起探寻"昆明的雨"！

（二）感知课文内容，梳理文章结构

师：通过预习，同学们应该都注意到了课文当中出现的这张图片。这是汪曾祺先生画的画，根据文章第1段的内容，大家说说他为什么要画这幅画呢？

明确：他的同学巫宁坤先生要求他画的。

师：对了，文章第1段点明了作画的原因。而且还要求画的内容要有昆明的特点。我们来看看这幅画有什么独特的风景能够体现昆明的特点？课文里的这张图片是黑白的，不是很明显，老师请同学为大家还原了这幅作品，（幻灯片上进行展示，教师拿在手中）我们来找一找画中的独特之处。

明确：右上角倒挂着的仙人掌和左下角画的青头菌、牛肝菌。

师：作者为什么要强调这两样东西？

明确：因为菌类植物通常生长在较为湿润的环境，而倒挂着的仙人掌脱离了土壤还能继续生长开花，这都是昆明雨水多、空气湿润的缘故。

师：作者从一幅画引出了昆明的"雨季"，大家阅读一下文章的第4段和第5段，说说昆明的雨季具有什么特点？

明确：①时间相当长。②下下停停，停停下下（不连续）。③明亮的、丰满的、使人动情的。④浓绿的。

再问：前两个特点带给作者什么样的感受？

提示：哪一个词可以看出来？

明确："舒服"。

提问：昆明的雨季为什么是浓绿的？

明确：草木的枝叶里的水分都到了饱和状态，显示出过分的、近于夸张的旺盛。

师：本文题目为"昆明的雨"，作者是否用了很大的篇幅来描写昆明的雨呢？

明确：没有。

师：除了写出昆明雨季的特点，作者还描写了哪些事物？

师：请同学们根据老师展示的阅读方法指导阅读文章第6段至第10段。

明确：仙人掌、菌子、杨梅、缅桂花、木香花。（幻灯片）

师：这些事物都具有哪些特点？

明确：仙人掌——多、肥大——可以代替篱笆；菌子——极多、好吃；杨梅——个大、黑红、味好；缅桂花——香如兰花；木香花——密匝匝、白色。

提问：第7段中哪些词语或句子可以体现昆明菌子极多？

明确：①"雨季随时可以看到"。②"牛肝菌、青头菌、鸡㙡菌、干巴菌、鸡油菌……"品种多、各具特点。③"有人跳下火车捡鸡㙡菌"（菌中之王鸡㙡菌都能随处可见）。

备注：特点不一，如有的中看不中吃，有的中吃不中看，有的好看又好吃。

师：这些事物和昆明的雨有什么关系？

明确：它们都是昆明雨季特有的产物，都在昆明的雨的滋养下长得非常好。

师：除了这些，作者还描写了什么？

物：刚才提到的"仙人掌、菌子、杨梅、缅桂花、木香花"。

景：门头挂仙人掌——民俗风情。

师：除了这些景和物，作者有没有写到人？

明确：有，这些人做了哪些事？

① 家家饭馆卖炒牛肝菌

② 苗族女孩子叫卖杨梅　　　　　　这些事都是在雨季中

③ 若园巷的房东给房客们送缅桂花　　人们通常做的事

④ 作者和同学在小酒店小酌赏雨

小结分析：同学们，刚才我们说到雨季的其中一个特点是"明亮的、丰满的、使人动情的"。那么根据我们归纳出来的物、景、事，大家思考一下，作

207

者是如何体现雨季的这个特点的？

分析：哪些方面体现出雨季是"明亮的"？

明确：浓绿色的草木、金黄色的仙人掌花、炽红色的杨梅、白色的木香花。

分析：哪些方面又能体现出雨季是"丰满的"？

明确：草木的水分都是饱和状态；仙人掌肥大、菌子极多；杨梅和乒乓球一样大；木香花密匝匝、数不清的花朵。

分析：文中提到的哪些事能体现出雨季是"使人动情的"？

明确：房东送缅桂花给房客，体现出邻里之间的人情味；雨天会引起人们淡淡的乡愁。

分析：我们常说散文的特点是"形散而神不散"。作者写了这么多关于昆明雨季的日常生活。这些看似散乱的景、物、事，作者为什么能够如此清晰地回忆起来呢？

明确：对昆明生活的喜爱与想念。

（提示：作者于1946年离开昆明，此前生活的时间正好是全国处于抗日战争期间）作者想念的是昆明的民俗生活、邻里间的人情味，更想念的是在那段动乱的年代里昆明少有的宁静。

点评小结：正是对昆明的这份喜爱，才让作者即便是在古稀之年也能够详细地记住昆明生活的点点滴滴。所以，看似散乱的内容却由一条情感线索贯穿起来。这就是散文"形散而神不散"的特殊之处。

（三）品味语言特色，感受作品的诗意

活动一：细读赏析句子并感悟作者字里行间的情感。

幻灯片展示："我想把生活中真实的东西、美好的东西、人的美、人的诗意告诉人们，使人们的心灵得到滋润，增强对生活的信心。"

——汪曾祺

师：这篇文章正是这样一篇充满了美感和诗意的作品，请同学们将自己喜欢的句子进行赏析。（2~3分钟）

通过刚才对这篇文章的鉴赏，大家有没有发现晦涩难懂的字词？（没有）

同学们能不能归纳一下汪曾祺先生这篇作品的语言风格？

明确：①朴实、平淡、直白（类似）

②简洁　　　　　　　　　　　}　家常话

③恬淡悠远的韵味

机动环节（5分钟）：

活动二：咱们班有没有哪些同学去过昆明？你们能不能说说昆明给你的深刻印象？

（四）课后作业

周记《漳州的_____》600字以上。

【交流与思考】

以课文的一段话导入，从而引出课题，自然贴切。而后用作者的一幅画引导学生认识文章所强调的"昆明的特点"，可谓别出心裁。整堂课条理清晰，教学设计环环紧扣，尤其注重指导学生如何阅读，学生的课堂反应积极踊跃，师生互动性良好。课堂应该适当加大朗读的力度，在品析语言方面可以多挖掘作者文章的趣味性和韵味，使课堂的维度更加饱满。语言特点的趣味性没能展开，略显遗憾。

《登勃朗峰》教学案例

【教学目标】

1. 整体感知文章内容，感受景色的壮美、人物的奇特。

2. 体会写景叙事相结合的写法，详略得当，使文章错落有致。

3. 培养学生热爱自然、热爱生活的情感。

【教学重难点】

1. 赏析作者的写景和写人手法。

2. 体会作者的人生感慨和人生态度。

3. 理解游记的不同写法。

【教学过程】

（一）导入：勃朗峰资料链接

勃朗峰，阿尔卑斯山脉的最高峰，也是西欧第一高峰，海拔4807米，法语意为"银白色山峰"，位于法国和意大利边境。勃朗峰地势高耸，常年受西风影响，降水丰富。冬季积雪，夏不融化，白雪皑皑，约有200平方公里为冰川所覆盖，顺坡下滑，西北坡法国一侧有著名的梅德冰川，东南坡意大利一侧有米阿杰和布伦瓦等大冰川。勃朗峰设有空中缆车和冬季体育设施，为登山运动胜地；山峰雄伟，风光旖旎，为阿尔卑斯山地区最大的旅游中心。

（二）梳理文章内容

全文分为两个部分：

第一部分（第1~6段），写登山的见闻与感悟。

第二部分（第7~11段），写乘车的经历与感受。

（三）旅行见闻之"奇景"

找出文中"登山"部分（第1~6段）描写景物的句子，并说说作者是如何写景的？

提示：读起来特别像我们学过的山水小品和记游之作的描写。

请学生朗读：

（第2段）有一处需经隧道，穿山而过；俯瞰脚下峡谷，只见一股清流急湍其间，环顾四周，岩壁巉峻，丘岗葱绿，美不胜收。整个黑首道上，到处瀑布倾泻，轰鸣作响。

内容及特点：黑首道上的风景——美。（板书）

写法：既写山岗、岩壁、绿树等周围环境，也写淙淙的流水；既有视觉描写，也有听觉描写。（板书：视觉、听觉）

（第3段）一座巨大的白雪穹顶骤然映入眼帘，日照其上，光艳耀目。穹顶呈V字形，巍峨壮观，此乃一座山门，原来我们已目睹了被称"阿尔卑斯之王"的勃朗峰。我们拾阶而上，威严的穹顶也随之愈升愈高，耸入蓝天，最后仿佛独踞苍穹。

内容及特点：勃朗峰主峰——伟。（板书）

写法：描绘远景，突出高大耀目的主要特征。（板书：远景）

（第4段）勃朗峰周围的一些山峰奇形怪状——都为浅棕色的光秃尖岩。有些顶端尖销，并微微倾向一旁，宛如美女的纤指；有一怪峰，形如塔糖，又似主教头上的帽子；因巉岩太过陡峭，皓皓白雪无法堆积，只能在分野处才得以偶见几处。

内容及特点：周围的群峰——险。（板书）

写法：连用比喻，烘托主峰勃朗峰的雄伟。（板书：比喻）

（第5段）……我们曾仰面遥望附近的一座峰巅，但见色彩斑斓，彩霞满天，白云缭绕，轻歌曼舞，那朵朵白云精美柔细，宛如游丝蛛网一般。五光十色中的粉红嫩绿，尤为妩媚动人，所有色彩轻淡柔和，交相辉映，妩媚迷人。我们干脆就地而坐，饱览独特美景。这一彩幻只是稍作驻留，顷刻间便飘忽不定，相互交融，暗淡隐去，可又骤然返光灼灼，瞬息万变，真是无穷变幻，纷至沓来；洁白轻薄的云朵，微光闪烁，仿佛身披霓裳羽衣的纯洁天使。

内容：巅峰的云朵——幻。（板书）

写法：运用一系列动词与颜色词，写出山巅云彩无穷变幻的动感和色彩。

（四）"奇景"的背后——抒发人生感慨

作者借着眼前景，抒发了怎样的人生感慨？

通过以上分析可以发现，课文前半段的"登山"部分，主要写景，采用的是常用的散文笔法。我国古代文人常常融情于景、借景抒情，马克·吐温是否也借着眼前的景色抒发感慨呢？请找出相关的语句。

（第6段）"我想，假如世上只有一个肥皂泡，其价值会是多少呢？"

作者在这里联想到肥皂泡，抒发了怎样的感慨？

峰巅的云朵美丽异常，却也瞬息即逝。至精至美者，往往不能长久，因而尤足珍视。

（五）走进"奇人"

如果说马克·吐温笔下的景是"奇景"（板书：奇），那么这篇游记的后半部分刻画的人则是"奇人"——车夫（板书：奇人）。今天这节课，就让我们一起看看这位奇人是一个怎样的人，这样刻画的背后又隐藏着马克·吐温其他的什么想法与态度。

找出"车夫"给你印象最深的一个细节，并谈谈对此的理解？

学生自主寻找，自由发言并分析，教师点拨引导，再归纳小结。

（第8段）"但是，"他把握十足地说，"不必为此烦恼——静下心来——不要浮躁——他们虽已扬尘远去，可不久就会消失在我们身后的。你就放下心坐好吧，一切包在我身上——我是车夫之王啊。你看着吧！"

提示：破折号——语序颠倒、声调拉长、停顿；"把握十足""我是车夫之王"——似乎是过了头的自信、夸张；"你看着吧！"——毫不怀疑、无比自信，而且期待乘客亲眼见证他的驾驶技术。

（第9段）"能坐上车王的车的人，可是少之又少啊——看到了吧，真如我说的，我就是车王。"

人物特点：自信、不拘小节。

（第9段）什么乱石废物，沟壑旷野，一概不顾——有时一两个轮子着地，但大多为腾空而起。那位镇定而善良的狂车夫还时不时地掉转头来，神情威严地冲我们说道："哈，看到了吗？如我所说吧——我可是名副其实的车夫之王呐。"每当我们险遭不测时，他总是面不改色，和颜悦色地说："只当是种乐趣吧，先生们，这种情况不常见，但很不寻常——能坐上车王的车的人，可是少之又少啊——看到了吧，真如我说的，我就是车王。"

（学生齐读，读出镇定威严的语气。）

路有多险，车速就有多快，车夫就有多镇定——形成巨大反差。

人物特点：洒脱、无所畏惧。

"奇人"的背后——表达生活态度。

由此我们可以看出，作者几乎是采用了写小说的笔法——在登山的特定环境下、用完整的情节、以丰富的细节塑造刻画了一个自信、不拘小节、洒脱、无所畏惧的车夫形象，既让人捏把汗，又显得特别可笑。那么，马克·吐温对这位车夫的评价究竟是褒是贬？（合作探究）

第9段：镇定而善良的狂车夫。"镇定善良"与"狂"形成反差——揶揄。

（第11段）"那车王果然信守诺言——像疾风般赶上并超过了那长长的游客车队。结果，到达沙蒙尼旅馆后，我们住进了上等的房间。如果这位王爷的车技略欠敏捷——或者说，不是老天有意安排，在他离开阿冉提时喝得酒气熏熏，那将是不可能的。"

引导：马克·吐温真的只是揶揄车夫？

车王的奇言奇行是建立在他高超的驾车技巧和对路况的充分把握的基础上

的，并非简单的莽撞、荒诞。马克·吐温实际上流露出的，是对车夫坦率、自信、洒脱的个性的欣赏之意。

作者在课文前半部分借写景抒发人生感慨，在这里，则是借写所欣赏的某类人，来表达欣赏的生活态度（积极、乐观、简单、自由）。

（六）写法总结

（1）记游不仅可以写景，也可以写人。

（2）借由写景与写人，抒发人生感慨，表达生活态度。

（3）运用幽默的笔法和文字为文章增添趣味。

【板书设计】

登勃朗峰

奇景：美、伟、险、幻——人生感慨

奇人：自信、不拘小节、洒脱、无所畏惧——生活态度

【交流与思考】

《登勃朗峰》这篇课文记述了作者与友人游览勃朗峰的经历，或浓墨重彩，或简笔勾勒、笔法多变：写上山，用散文笔法，描绘山中奇景，嶙峋的怪石，变幻的光影，引出无限感慨；写下山，以小说笔法，叙述奇人奇事，惊险的旅途，怪异的车夫，富有传奇色彩，令人读之，妙趣横生。

结合学生在单元教学目标的实施中对于游记特点的掌握程度，教师针对学生的学习能力进行合理的教学目标设计，从三个问题逐层深入掌握文章的内容和写作的用意。赏析作者的写景和写人手法—体会作者的人生感慨和人生态度—理解游记的不同写法。有梯度的问题设计，符合学生的思维，达到了引导学生思维发展的效果。

自读课文是对精读课文的掌握能力的检验，自读应该是让学生用已经学习和掌握的知识与能力去领悟课文、检验知识。课堂的主人是学生，要把课堂还给学生，自读课文的主体更应该是学生，教师只是引导者和点拨者。这堂课在

教师的指引下，学生的自主阅读和自主思考的效果也很好。

学生由基础的景物特点入手，逐层深入对写景方式的创新以及作者的人生感慨；从人物的性格分析到感知人物塑造的不同之处，再到对作者人生态度的探究。由浅入深、由物及理、由人及情。

课堂中还存在一些不足之处，对作者的文风和作者作品的理解还不到位，课下对马克·吐温的作品要充分阅读，厚积而薄发，只有充分阅读、深入思考、提升文化底蕴，才能打造有效的语文课堂。

《一滴水经过丽江》教学案例

【教学目标】

1. 了解丽江的自然景观和人文风情，领略丽江古城的魅力。

2. 体会作者以一滴水的视角去游览丽江的新颖构思。

【教学重难点】

1. 抓住作者重点介绍丽江四方街的景物特征，感受它的魅力所在。

2. 体会作者以一滴水的视角去游览丽江的新颖构思和语言灵动之美。

【教学方法】

朗读法，讨论法，活动探究。

【课时安排】

1课时。

【教学过程】

（一）激趣导入（1分钟）

教师导入课文。

（二）初读课文

整体感知，梳理游踪。（以时间变化和地点转换为线索）（1分钟）

一滴水流经了丽江的哪些地方？（圈点勾画表明时间和地点的词语）

示例：（时间变化）古代—现代，白天—黄昏—黎明；（地点转换）玉龙雪山山顶—丽江坝—黑龙潭—玉河—四方街—中河—浇花人的大壶—兰花上壶—中河—金沙江。

本文构思新颖、视角独特。作者化身为一滴经过丽江的水，以一滴水的视角，采用移步换景的方式，展现丽江的自然景物、人文风情。不受时空限制，从前世到今生，见证丽江古城的历史沿革和人世的沧桑巨变；高低快慢，自由的视角更方便观察。

板书：构思新颖。

（三）细读课文

找寻丽江古城独具的魅力。（20分钟）

小水滴一路向前，它的目标明确，就是要去四方街。四方街就在丽江古城。丽江古城又名大研镇，与四川阆中、山西平遥、安徽歙县并称为中国"保存最为完好的四大古城"。丽江古城是中国历史文化名城中两个没有城墙的古城之一。1997年申遗成功，加入世界文化遗产名录。那么这座古城到底独具怎样的魅力呢？

示例：风景、建筑、民俗（从文中可以找到，自然风景写了玉龙雪山、笔架山、象山、狮子山、瀑布、盆地、草甸、田野、森林、树、花、黑龙潭、玉河、果园等）。

板书：风景优美多姿。

说一说，小水滴看到了哪些富有地域特色的古城建筑？

示例：依山傍水的旁屋与老街、历史悠久的四方街、数量多形式杂的小桥、缓缓转动的水车、"三坊一照壁"的民居、宫殿式的木府（同时，课前查资料，了解这些建筑的相关知识或特点，尤其是"四方街"和"三坊一照壁"，与同学们交流）。

板书：建筑古朴典雅。

"古城的建筑就这样依止于自然，美丽了自然。"丽江之水滋养了古城的生命，古城便以醇厚的人情美丽了这方土地。

议一议，小水滴领略了丽江古城哪些民俗风情？

示例：打制银器、演奏古乐、挥毫泼墨、以东巴象形文字制作字画、养花。

一家人"闲话"、主人与游客"交谈"、游客夜游欢饮……（银器、东巴象形文字简介）

板书：民俗丰富醇厚。

（四）研读课文

鉴赏写法：林林总总，作者通过一滴水的视角，为我们展示了丽江古城独具的魅力，丰富却不繁杂、不凌乱，形散而神不散，不仅构思新颖、独特，语言也富有诗意和灵动感。

本文的语言表达妙在何处？小组合作探究，找出精彩的语句并赏析。（18分钟）

赏析指导：（思路）词语、修辞、五官感觉、描写角度等+内容+情感。

板书：语言灵动。

例：

我乘水车转轮缓缓升高，看到了古城，看到了狮子山上苍劲的老柏树，看到了依山而起的重重房屋，看见了顺水而去的蜿蜒老街。古城的建筑就这样依止于自然，美丽了自然。

我经过叮叮当当敲打着银器的小店。经过挂着水一样碧绿的翡翠的玉器店。经过一座院子，白须垂胸的老者们，在演奏古代的音乐。

院子里，兰花在盛开。浇花时，我落在了一朵香气隐约的兰花上。

黄昏时……古城五彩的灯光把渠水辉映得五彩斑斓。游客聚集的茶楼酒吧中，传来人们的欢笑与歌唱。这些人来自远方，在那些地方，即便是寂静时分，他们的内心也很喧哗。在这里，尽情欢歌处，夜凉如水，他们的心像一滴水一样晶莹。

在宽广的丽江坝中流淌，穿越大地时，头顶上是满天星光。一些薄云掠过月亮时，就像丽江古城中，一个银匠，正在擦拭一只硕大的银盘。

（五）创读课文

由"一滴水游丽江"想到的……（3分钟）

示例：融合　和谐　传承　初心（"护遗"）……

（六）总结（1分钟）

教师引导学生总结本课所学内容。

（七）布置作业

我们生活的这座城市——漳州，也有着独特的人文和自然景观，请同学们仔细观察、认真构思，写一篇有关漳州的游记，注意突出自然景物与人文历史的特点。（1分钟）

【板书设计】

一滴水经过丽江

风景优美多姿	构思新颖
丽江建筑古朴典雅	爱
民俗丰富醇厚	语言灵动

【交流与思考】

《一滴水经过丽江》是阿来的一篇游记散文，这是一篇别具一格的游记作品，与一般游记作品以人的游踪为线索不同，作者化身为一滴水，以水的踪迹为线索，全方位展现了丽江古城的自然风光、历史沿革和人文景观，不仅构思新颖、视角独特，而且语言富有诗意及灵动美，富有文学趣味，值得探究和赏读。

本课教学，着力引导学生以一滴水的角度，寻找丽江古城独特的人文风情，引领学生感受其美丽、淳朴、厚重与和谐。丽江，除了优美多姿的自然风光，更吸引人的就是丽江古城独特的人文风情，包括古朴典雅的建筑、丰富醇厚的民俗等，以此作为本课的教学重点，引导学生细读文本，结合图片，形象生动。同时，让学生课前查找相关的资料，课上稍做交流，以使更好地了解纳西族人的文化、习俗及日常生活，从而产生身临其境之感。

内容的美离不开形式的美，本文的构思和语言是相当出彩的。"一滴水"贯穿全文，既通古贯今，又由高而下，容易把时间和空间这两条线索结合起来，使文章形成有机的整体。与"人"为游览者不同，这样的设计，使写作获得了更自由的视角、更灵活的观察方式。遗憾的是，在课堂上，限于教学时间安排不够紧凑，对于这些知识点的引导点拨略有欠缺。本课的教学难点除了新颖灵活的构思，还有对本文诗意灵动语言的深入赏析。散文的语言，有其独特的韵味，而且不同的作者有不同的风格。课堂上，着力引导学生通过小组合作探究研读课文，找出喜欢的句子，引导学生从"词语、修辞、五官感觉、描写"等角度展开深入的赏析，品味其诗意与灵动的特点。同时，字里行间，作者对丽江的喜爱与赞美是贯穿始终的，难得学生的解读也颇透彻，有这样的体悟，令人惊喜，这也可以说是本节课的一大亮点！

当然，课堂没有绝对的完美，只有期待下一次的突破，不断探求，通过思索、实践，再交流、再创新！

第七章

初中语文小说阅读教学案例

《台阶》教学案例

【教学目标】

知识与技能：

1. 学习生字新词完成基础知识目标。

2. 对比手法与细节描写的学习。

3. 通过学习，理清文章的结构，从小说的人物、情节、环境去分析课文、把握小说题材特征。

过程与方法：

多种教学方法及多种教学手段综合使用，安排两课时完成。

情感、态度与价值观：

1. 感知农民的纯朴憨厚与他们的奋斗与坚韧。

2. 培养学生执着追求的人生态度与孝顺之心。

【教学重难点】

1. 通过学习，理清文章结构，分析文中父亲的形象，得到情感熏陶。

2. 让学生理解那个时代的人们看似卑微实则伟大的人生追求，引导学生理解文章的主题。

【教学过程】

（一）整体感知——踏上台阶，走近父亲

导入新课：台阶，在我们看来是极为平凡的东西，而在某些人的眼里，却是他毕生的追求。今天我们要学习的这篇文章《台阶》就是关于一位父亲和台阶之间的故事。（板书：《台阶》李森祥）

上一节课，我们完成了辨音识义及对故事情节的梳理。本节课的重点是分析父亲这一人物形象。

回顾上节课的内容，把握故事情节，复述故事。

学生速读课文，教师：请同学们用一句话，简单地概括文章的主要内容。

本文主要讲了父亲用一辈子的时间来造一栋有高台阶的新屋的故事。（中心句）

阅读要点：①父亲为什么要造一栋有高台阶的新屋？②父亲是怎样建造成一栋有高台阶的新屋的？③新屋造好了，父亲怎么样了？

（二）研读赏析——凝望台阶，感悟父亲

提问：本文的线索是什么？人物呢？（板书：线索——台阶、人物——父亲）

我们可用以下三个词组来概括故事情节：叹—造—坐（板书）。

师：人物是小说的灵魂，我们一起来看看这篇小说塑造了一个怎样的父亲形象。

跳读课文，合作讨论父亲的形象，找出令你印象深刻的描写父亲的语句，说说他是个怎样的人。

1. 叹台阶

快速地阅读第8、9自然段，想想父亲为什么要花一生的时间来造一栋有"高台阶"的新屋？（从课文中找一找，画一画）。

提问：父亲造屋原因最关键的一句话是什么？你是如何理解的？从这看出父亲是怎样的人？ 家乡地势低，屋基做高些，不容易进水。按家乡风俗的说法：台阶高，屋主人的地位就相应高。

明确：台阶高，屋主人的地位也就高——中心句。台阶—地位—尊重，父亲——要强、不甘人后。

师：同学们想想我们家的台阶有多高，而父亲在家乡的地位又是怎样的？

生："我们家"的台阶只有三级。

生：从第9段"父亲老实厚道低眉顺眼累了一辈子，没人说过他有地位。父亲也从没觉得自己有地位"可知父亲在家乡的地位是很低的。

"台阶"本是非常平常的东西，可在家乡却拿来与人的地位相匹配。"台阶"的高低象征人地位的高低。"我们家"的台阶只有三级，父亲的地位很低，所以父亲渴望造一栋有高台阶的新屋，希望提高自己的社会地位。

从文中，我们知道父亲建新屋的愿望实现了，他造起了一栋九级台阶的新屋，那么父亲是怎样造起来的，父亲都做了哪些准备？

板书：叹台阶——有志气、不甘人后。

2. 造台阶

仔细阅读第10~15自然段，思考：父亲是如何造起了九级台阶的新屋，他做了哪些准备？（请同学们认真思考，从文中找出关键词语）

父亲做了漫长的准备：捡砖、捡瓦、存角票、种田、砍柴、捡屋基卵石、编草鞋、挑谷子、踏黄泥。

父亲的准备是漫长的、辛苦的，可是他为了实现自己的愿望，不辞劳苦。

阅读第13自然段。这是一幅渴慕图，写了父亲对高台阶的渴慕。

提问：是如何描写？请你说说父亲的心理。

明确：神态描写。专注地望着人家高高的台阶，他羡慕、向往，他在谋划如何加快准备，争取能早早造起高台阶的新屋，像人家一样气派，也叫人羡慕。

分析人物描写，要走进人物的内心世界：瞧瞧人家的，那才叫气派。这辈子，我也要建一栋九级台阶的房子，叫大人小孩都神气神气。咱身体好，有的是力气，拼命干，早晚都有攒够钱的那天！

阅读第17~21自然段。这是一幅兴奋图，写了父亲的笑。动工时，父亲忙前忙后，干到半夜，不辞劳苦，乐在其中。台阶造好了，他那个高兴劲当然是别提了。

提问：不过，课文写的高兴与这幅图相同吗？课文是怎样写的？

明确：尴尬的笑。

体会一下，他的这种神情有什么特色？

他奋斗了大半辈子，高高的台阶就要砌起来了，新屋就要完工了，他心里的高兴是无法形容的，他一辈子老实厚道、低眉顺眼，高兴起来也自有他高兴的样子。

明确：作者微妙地写他左也不是，右也不是，异乎平日而又与众不同的样子。他手足无措，想挺胸挺不直，笑也是尴尬的笑，这副喜悦的样子是非常个性化的。

哪个同学愿意来模仿一下父亲的笑？

板书：造台阶——不怕艰辛，乐在其中。

3. 坐台阶

仔细阅读第22~29自然段，思考：新屋造成了，父亲与过去相比有了哪些变化？

提问：在父亲的努力下，新台阶终于砌好了，可父亲的感受又是怎样的呢？为什么？（引导学生找出：不对劲、不自在。台阶低、地位低，父亲因此形成了自卑心理。这种自卑心理长期存在，难以一下子消除，所以台阶高了，他反而感到处处不习惯、不对劲了。）

追问：那他最后坐到了哪？（门槛上——多朴实的人啊，这就是我们中国的农民，谦卑。）

提问：那他的身体呢？（累垮了）有什么表现？（挑水闪腰，很少跨出家门，若有所失。）

阅读第29自然段，这是一幅失落图。

思考品析：若有所失，这人怎么了？

明确：父亲干了一辈子，劳动就是生命，在他的精神世界里，劳动是创造，劳动有收获，劳动体现了自己的价值，一旦不能干活，就失去了这一切，所以感觉若有所失。

板书：坐台阶——不自在，若有所失。

（三）深入挖掘——回首台阶，探究父亲

这人怎么了？——没怎么，奋斗一生，愿望实现，心满意足，但不经意间，曾经体壮如牛的自己却老了，从不知苦累的自己竟不能干活了，连水也挑不动了，一时间，精神支柱也倒了，内心有着许多的失落、惆怅、沮丧，真是无法言说。但从中，我们分明可看到父亲的倔强、不服老！——这就是劳动人民的本色！

那么他的心情为什么失落呢？台阶建好后，父亲应该尽享他的收获和喜悦才对。

从文中父亲的感叹我们知道，父亲为了建新屋，花了大半辈子时间，到最后却老了，身体垮了。还有一个就是他的愿望没有真正实现。他的地位并没有提高。

父亲干了一辈子，劳动就是生命，在他的精神世界中，劳动是创造，劳动有收获，劳动体现了自己的价值，一旦不能干活，就失去一切，所以感觉若有所失。

总结父亲形象：一生勤劳，平凡伟大。

的确，这是一个普通得不能再普通的父亲，发展中的中国农村一个农民的典型形象，他为了台阶，付出了岁月、青春、健康，但他一辈子的奋斗，所得的结果不过是一间普通的房子，只不过台阶高些罢了。

（四）拓展延伸——回味台阶，描写父亲

生活中，不乏像父亲这样有梦想的人。寒假期间，我去家访，有个家长向我讲述了自己的故事。在他小的时候，家穷兄弟又多。全家挤在一间很小的破房子里。生在农村，过年总得蒸年糕。他的母亲总是愁眉苦脸的。因为家里的房子小，里面的土灶小，蒸笼里的年糕就小。看着邻居家挑去拜年的大年糕，他立下决心，一定好好读书，将来盖一栋大房子，能砌座特别大特别大的土灶。后来，他省吃俭用，积下钱，果断地在老家盖了房，可要砌土灶时，却成了村子里的笑话。这年头谁还在用土灶？所以他说，这成了他的心病。他固执地认为，等他老了，他一定会在房子里砌个全村最大的土灶！

教师总结：从凄楚、辛酸中走来的父辈，可能他们的愿望、追求，在后辈的眼里不是耀眼的、精彩的，但他们的梦想却同样是实实在在的。他们血管中流淌着的那份坚忍不拔、拼命肯干的生命因子，恰是撑托事业辉煌的砥柱，让我们从心底祈愿，造好了新屋，砌上了九级台阶的劳苦的父辈们能尽享这份收获和喜悦，让我们说声：父亲，您辛苦了，感谢您。

布置片段作文《父亲的手》，200字左右。

师：好的文章具有感染力，能打动人，亲爱的同学们，你被课文里的父亲感动了吗？你想到自己的父亲了吗？请结合课文第5自然段关于父亲的脚的章节，写一篇片段作文。

要求：抓住父亲某个令你感动难忘的特点，讲述清楚、生动、突出重点。

【交流与思考】

本课重在关注单元提示——小人物的光辉点，展现了一位勤劳、有志气的父亲。本节课长文短教，通过学生的相互讨论，以及教师按文章脉络进行清晰的引导，将跳读与赏析相结合，落实并解决课堂中的问题，丰富并拓展了本节课的内容。

《我的叔叔于勒》教学案例

【教材分析】

莫泊桑的小说，特别是短篇小说，在艺术手法上造诣很深。他的作品题材丰富多彩、行文波澜起伏、故事情节巧妙曲折，常用洗练的笔墨揭示人物的内心世界，人物形象鲜明生动。发表于1883年的《我的叔叔于勒》，就是一篇体现其艺术风格、特色和功力的佳作。小说通过菲利普夫妇对其弟弟于勒态度的前后变化，清晰生动地勾勒出一幅19世纪后半叶法国小市民生活的剪影。菲利普夫妇的无义寡情，是通过少年若瑟夫的视角来表现的，其中也包含了若瑟夫对人生、社会的认识。

本课的阅读教学拟以从分析情节入手，把握人物形象，领会作品的丰富内蕴。力求创设情境，充分调动学生的自主性和积极性，用现代人的思想观念创新、多元评价作品的主题，领会其匠心独运的艺术构思。在评价认识中，提高学生的道德水平。

【学生分析】

小说是学生乐学的一类文章，经过先前的学习，学生已有初步的小说赏读知识做铺垫，故教学时以趣激疑，以学生本有的兴趣为牵引，创设情境，是引领学生披文入情感悟作品主题的捷径。《我的叔叔于勒》是这个单元中唯一的一篇外国文学作品。由于文化背景的不同，学生对外国小说尚存陌生感，为此，教师在指导学生阅读时既要注意作品创作文化背景上的差异，又要把握作品创作的共通之处，从共通处切入，引导学生对本文进行正确的理解体会。

【教学目标】

知识与技能：

1. 理解、积累"拮据、阔绰、煞白、诧异、与日俱增、十拿九稳"等词语。

2. 把握小说的人物形象及其作用，学习本文细致地描写人物的内心世界，对人物作个性化描写的方法。

3. 品评小说的语言，提高实际的语言运用能力。

过程与方法：

1. 朗读揣摩法。莫泊桑的小说语言简洁明快、幽默机智。课文在技巧的运用上很出色，如人物的心理描写、悬念的运用、情节的安排等方面。指导学生开展带表情朗读或分角色朗读，在整体把握的基础上，分析人物的语言、行动和表情是如何揭示心理活动和刻画人物性格的。

2. 合作探究法。这篇小说的内蕴很丰富，在组织课堂教学过程中，应创设情境，激活学生的思维，主动质疑问难，合作探究以释疑，培养学生解读小说的能力，如从情节分析入手，探讨作品主题。

3. 个性续写法。在把握原作主题，抓住人物性格特点的基础上，进行流畅自然的人物心理猜写和故事结局续写，以深层揣摩课文立意和波澜起伏的情节铺叙。

情感、态度与价值观：

认识资本主义社会人与人之间赤裸裸的金钱关系，理解作者对文中于勒深切的同情，提高同学们的道德水平。

【教学重难点】

1. 理解课文从多方面刻画人物形象，以展现人物内心世界的方法。

2. 理解课文的丰富内蕴。

【教学准备】

教师准备：①课前查找相关资料。②布置学生预习课文。③多媒体课件。

学生准备：①预习课文，查字典解决生字词。②熟悉课文，了解小说的故事情节，复述故事情节。

【课时安排】

2课时。

第一课时教学要点：诵读整体感知文意，梳理课文的情节结构，了解情节发展的因素。（过程略）

第二课时教学要点：①赏词析句，引导学生揣摩小说语言。②把握小说人物形象，联系生活实际，体验与反思。

【教学过程】

（一）寻读，辨析主要人物

亮点探究一：从标题上看，这篇小说写的是谁？从小说的内容看，于勒是小说的主人公吗？就这个问题展开讨论。

讨论前，教师提示：如何判定一个人物是否为主要人物呢？有三个角度，首先看人物着墨的多少，其次看人物在小说中的地位和作用，最后看作家的创作意图。这种带着一个主问题进行阅读的方式叫作寻读，寻找发现，大家开始阅读，发现后做好记录，然后分组活动。并确定发言人。

学生寻读课文，开始思考批注。

分组活动，确定本组发言人。

确定四个小组开始交流汇报各组的发现。

教师归纳小结。于勒不是主人公，于勒在文中是这样出现的，一是全家人的谈话，二是插叙介绍，三是在游船上，真正的主人公应是菲利普夫妇。

亮点探究二：于勒虽然不是小说的主人公，可老师感觉于勒这个人物在文中无处不在。大家的意见是怎样的？从文中寻找信息谈谈你的理解。

学生寻读课文，整理相关信息。

相互交流，明确：文中对于于勒显然着墨不多，但这一人物形象却很重要，他的命运决定着菲利普夫妇的变化，并在他们一家中占据着重要地位，掀起了很大的波澜。他是小说的线索人物。我们带着第一个问题阅读解决了另外一个问题——小说的线索，这就是寻读的效果。

（二）理读，体会精妙构思

刚才我们一起弄清楚了小说的线索，下面请大家据此梳理本文的情节，对课文进行梳理式阅读，就是理读。并通过理读情节，各提炼一个字概括情节内容：

从课文顺序上看：（盼）于勒—（赶）于勒—（赞）于勒—（骂）于勒—（躲）于勒。

从小说情节上看：（赶）于勒—（盼）于勒—（赞）于勒—（骂）于勒—（躲）于勒。

亮点探究三：作家为什么做这样的情节安排？①为什么将"赶于勒"以插叙方式安排？②为什么要安排船上相遇呢？或可以这样设计：于勒来过几次信，再以写信的方式告知其不幸落魄不可以吗？改后的效果有什么不同？

分组活动，确定小组发言人。

相互交流，一人发言，其他同学可做补充。讨论明确：①巧设悬念，开头反复渲染盼归的气氛与心情，埋下伏笔。②一波三折，高潮迭起，构成情节的曲折美，俗话说"文似看山不喜平"就是这个道理。③安排船上相遇给人物亮相提供了一个特有的展台，更能体现主人公的性格特点，具有一种较强的讽刺意味。

教师小结：概括后板书：小说的情节美。

（三）品读，评说人物形象

本文除了以精妙的构思吸引人，更重要的是以其丰满的人物形象而经久不衰。理解人物最好的方法是品读细节，即抓住人物的语言、动作、神态、心理

对人物进行品析。这篇小说写得最精彩的地方在哪里？（骂于勒，高潮部分）

首先，我们一起读一读几个精彩片段，请大家在我的提示下朗读课文片段。

① 在游船上，父亲被太太高贵的吃法打动了，于是请家人吃牡蛎，这是小说中他故作高雅、摆架子爱慕虚荣的高峰，同时也是不幸的开始。母亲的一番话别有情趣。（读第23段）

② 当父亲朝那年老的水手走去时，突然发现那人很像于勒，神色不安，骤而紧张，以至失魂落魄。（读第25段）

③ 在母亲的要求下，父亲再一次向船长走去，在极度的担忧与恐慌中终于证实那就是于勒。这一消息对于母亲如同晴天霹雳，怒火如同火山爆发，他们虚幻的幸福从峰巅一下子跌入了现实的悲苦深渊。（读第38段）

④ 也许是对叔叔不幸的一丝同情与怜悯，我给了于勒叔叔10个铜子的小费，但母亲仍不忘做了最后一次精彩的表演，让其卑劣自私的灵魂再次曝光。（读第46段）

亮点探究四：对人物的描写中，哪些词句最有表现力。抓住这些具有表现力的词句评说人物形象。

品读示范：第25段，品析"不安""瞪着眼""赶紧""十分苍白""两只眼也跟寻常不一样""低声"等词语对表现人物的作用。

学生读句品析，评说人物形象。

教师小结：通过品析，我们看到了一个唯利是图、虚伪、自私冷酷的形象，他们以贫富为兄弟相认的原则，在他们眼中，情不如钱！（板书）

（四）说读，对人物说话

赏读完这篇小说，大家有没有什么话想对小说中的人物说呢？或者对作者有什么话说吗？例如，老师读完后，我想对作家说：莫泊桑，谢谢你的一支妙笔，向我们勾画了资本主义社会金钱至上、人性泯灭的现实，在这样的现实中生活，是人类的悲哀！大家结合自己的阅读体会说几句好吗？

学生练习用"读完这篇小说，我想对_____说_____"句式表达自己的观点。

（五）结束语

用一副对联来概括这篇小说的主题，正是——十年思盼同胞好比摇钱树，一朝相逢兄弟形同陌路人（板书）。

【交流与思考】

本课的教学，有以下三个方面值得肯定。

第一，给学生充分的时间读好文本，这是对话的基础。通读文本，并读出自己的感受。这样的阅读才是自由的阅读、有效的阅读。而我们平时的教学，学生自己读书的时间少，自己读出感受的更少。上课伊始，学生还未开口读书，学生未及进入作品之中展开体验，教师就已经将自己的观点和看法强加给了学生，表现出教师对学生阅读能力和阅读体验的不信任。在教学中，给学生一节课自由读书（自习除外），并要求学生在读完后能谈谈自己对作品、人物的认识。事实证明，这有利于学生对文章的理解和把握。

第二，为学生创设主问题使学生能够有层次地探究文本。这是对话的关键。作为世界文学的经典名篇，本文既有内容的广度，又有思想的深度。为使这篇小说的教学能耗时少、效果好，设计了四个主问题和四个亮点探究活动：寻读，解决主要人物和线索人物的问题，这是打开文本的钥匙；理读，解决作品的思路，这是学生最易获得的感性认识，并通过理性探究体会构思精美；品读，通过品读细节认识人物形象，并进而学习人物塑造的方法，这是小说阅读的中心任务；说读，表达自己对文章主题、人物的认识和理解，这是阅读的更高层次。这样一来，由浅入深、层层推进，让学生逐步感受到探究文本的意义和阅读活动的乐趣。

第三，让学生在探究与对话中表现并强化语文能力。探究式阅读让合作学习的思想得到实践。小组探究活动中，谁发言、谁记录、谁补充都有明确的分工。而在表达中，要求学生努力达到表达自己的阅读体验、提炼整合小组的观点，从而实现让学生说句意连贯、层次清晰、语言精美的话的目标。从一句到几句，再到一段，有理有据，贴近题旨。

"阅读教学是学生、教师、文本之间对话的过程。"根据小说这种文学体裁的特点，进行探究式阅读教学，为学生搭建一个真正开放的交流平台，变文本解读为文本赏读、语言探究，并跳出课文读课文，可以让语文课教学呈现新的生机。

学生"唱戏"，教师搭台。把时间最大限度地还给学生，让学生、教师、文本三者形成整体，让三者互相交流、碰撞、沟通。学生可以挑战文本权威，教师也可以有自己独到的见解。阅读教学过程成为师生共同学习、共同探究的舞台，也成为学生与文本对话、教师与文本对话、生生对话、师生对话的多向互动的过程。

参考文献

［1］吴亚西，张国华，曾玉双，等.义务教育语文课程标准（2011年版）解读［M］.武汉：湖北教育出版社，2012.

［2］张霞儿.初中语文走进文本走进课堂［M］.宁波：宁波出版社，2010.

［3］王荣生.语文教学内容重构［M］.上海：上海教育出版社，2007.

［4］康九星.知行统一，破解课堂教学尴尬［J］.语文建设，2011（6）：7-8.

［5］尹磊.语文课堂不能是中庸的和谐［J］.语文教学与研究，2011（19）：58-59.

［6］吴素芸，邓庆环.基于有效性教学理论的教学管理模式构建［J］.教学与管理，2006（24）：56-57.

［7］陈洪庆.课堂教学的关键问题及解决：初中卷［M］.北京：中国文史出版社，2008.

［8］夏俊生.新课堂创新教法与经典案例评析：中学卷［M］.北京：世界知识出版社，2006.

［9］钱理群，孙绍振.对话语文［M］.福州：福建人民出版社，2005.

［10］魏微，路书红，王红艳，等.中外教育经典案例评析［M］.济南：山东人民出版社，2005.

［11］王本华.守正创新，构建"三位一体"的语文教科书编写体系——部编义务教育语文教科书的主要特色［J］.语文教学通讯，2016（26）：7-10.

［12］王荣生.语文教学内容重构［M］.上海：上海教育出版社，2007.

［13］谭家健.南朝山水游记初探［J］.辽宁师专学报（社会科学版），1999

（1）：27-32.

［14］王岳川.现象学与解释学文论［M］.济南：山东教育出版社，1999.

［15］李东浩.初中语文文学类文本阅读策略教学研究［D］.锦州：渤海大学，2016.

［16］李正英.初中语文读写一体化教学研究与实践分析［J］.科技资讯，2015，13（29）：140，142.

［17］代赐惠.如何提高初中语文阅读教学的质量［J］.中国校外教育，2014（31）：32.

［18］周永飞.初中语文阅读与写作之间的关系［J］.课外语文：下，2016（18）：99.

［19］林以广.作文教学：须着力培养表达能力［J］.语文教学通讯，2018（17）：71-72.

［20］焦尔当.学习的本质［M］.杭零，译.上海：华东师范大学出版社，2015.

［21］王荣生.散文教学教什么［M］.上海：华东师范大学出版社，2014.

［22］徐金国.课堂生成的智慧［M］.太原：山西教育出版社，2015.

后 记

从教三十多载，回顾来路，感慨良多。

义务教育七年级至九年级，语文课要如何设置，才能吸引学生更多的目光和兴趣，进而培养和提升学生的语文素养，激发学生的读写潜能。特别是阅读教学的课堂，如何渗透核心素养理念，构建以学生的"学"为主体的阅读教学课堂模式，是我一直思考的问题。

2017年，高中新课标的颁布，使"核心素养"的理念成为教育的共识。《义务教育语文课程标准（2022年版）》指出，语文课程致力于全体学生核心素养的形成与发展，为学生学好其他课程打下基础；为学生形成正确的世界观、人生观、价值观，形成良好个性和健全人格打下基础。新课程改革在初中语文课堂的广度和深度上都对教学提出了更高的要求。在阅读教学中渗透学生的核心素养的培育，使得语文阅读教学承载了更为丰富的内涵和目标。

本书是我主持的两个关于阅读教学模式构建的课题研究的整合、梳理与总结。2016—2019年，我主持并完成了福建省基础教育课程教学研究课题"基于不同层次学生的语文课堂教学有效性策略研究"和福建省教育科学"十三五"规划课题"部编教材初中语文有效课堂教学策略——基于不同层次学生的阅读教学"两个课题的研究。经过三年的研究，取得了初步成果。参与研究的学校在教学质量上呈现明显提升的良好态势；学生在各级各类竞赛中积极性高涨，有上百人次在"文心雕龙杯""叶圣陶杯""语文报杯"等竞赛中获奖。青年教师在实践中迅速成长，不断摸索和总结学习经验，从"知识型"教师逐渐向"研究型"教师过渡，这正是当前教育所需要的。课题的研究成果，通过线上线下结合的方式，以公开课、观摩课或讲座等形式，借助开展学科培训、区域教研活动、教学视导活动和送培送教下乡活动等进行辐射，有效发挥了引领和示范作用，对区域教学改革产生了良好的影响。

《核心素养视域下初中语文阅读教学实践研究》一书，通过对部编教材中古今优秀诗歌、文言文、散文、小说等不同文体、不同课型的教学案例分析与思考，希望能为一线初中语文教师的阅读教学提供参考。

衷心感谢团队的齐心协力和默默支持。

衷心感谢参与研究的每一位老师，感谢魏两方、洪琪、陈金花、林永联、魏恋蕉、黄鹏、许银华、曾凤贞、李朝惠、林冠斌、陈柳清、林艺君、詹建宏、蓝晓玲、黄清德等老师的积极参与和付出！

衷心希望广大教师提出宝贵的意见，助我完善，激励我前行！

郑丽洪

2023年初夏于九龙江畔